Karl Knortz

Humoristische Gedichte

Karl Knortz
Humoristische Gedichte
ISBN/EAN: 9783743411180
Hergestellt in Europa, USA, Kanada, Australien, Japan
Cover: Foto ©Thomas Meinert / pixelio.de

Manufactured and distributed by brebook publishing software (www.brebook.com)

Karl Knortz

Humoristische Gedichte

Humoristische Gedichte.

Druck von J. Vogel in Glarus.

Humoristische Gedichte

von

Karl Knortz.

Musis amicus tristitiam et metus
Tradam protervis in mare Creticum
Portare ventis!
    Horatii Odæ I, 26.

Zweite, verbesserte Auflage.

Glarus.
Verlag von J. Vogel.
1889.

Ein merkwürdiger Kobold.

Es lebt ein Mann in unsrer Stadt,
Der muß ein Satan sein;
Kein Mensch ihn je gesehen hat,
Soll überall doch sein.
Er ist in unsrem Haus der Magd
Und nur dem Sohn bekannt,
Und wenn man nach dem Namen fragt,
Wird ‚Niemand' er genannt.

Er ist es, der mit Unbedacht
Mir jedes Glas zerbricht,
Und mit der Magd um Mitternacht
Noch in der Küche spricht.
Er weiß Bescheid im ganzen Haus,
Zeigt oft im Keller sich;
Frag' ich: wer trank den Wein mir aus?
Heißt's: ‚Niemand, oder — ich!'

Auch weiß der Unbekannte wohl
Wo die Cigarren stehn,
So oft ich mir nur eine hol',
Holt er sich heimlich zehn.
Rauchst du vielleicht, mein Knabe, schon?
Gesteh' die Schande ein!
Wer ist der Dieb? Es klingt wie Hohn,
Herr ‚Niemand' muß es sein.

Mit einem nagelneuen Buch
Ward er zur Schul' geführt.
Und tücht'ger Schläge gibt's genug,
Wenn er es je beschmiert.
Zerrissen kommt und fleckenvoll
Zu Haus er damit an;
Und fragt man ihn, man wird fast toll,
Herr ‚Niemand' hat's gethan.

Wie stürmt er wild durch Wald und Flur,
Bricht Hals und Beine noch;
Bald ist die neue Hose nur
Ein eingefaßtes Loch.

Trüb und verweint ist sein Gesicht,
Kommt er nach Haus alsdann;
Wie's Unglück kam, er weiß es nicht,
Herr ‚Niemand' hat's gethan.

Lauf heut' nicht in der Stadt herum
Sonst gibt's kein Mittagsbrod!
Man redet wahrlich sich noch stumm,
Und ärgert sich zu Tod!
Er kommt zurück: Stirb, oder sprich,
Wer stieß dich in den Dreck?
Herr ‚Niemand' hat's gethan, nicht ich!
Er stammelt leis vor Schreck.

Wer stieß das Tintenfaß mir um?
Wer warf das Buch vom Tisch?
Ich schlag' ihn wahrlich lahm und krumm,
Sobald ich ihn erwisch'.
Und frag' ich dann — Gott, hab' Geduld,
Wenn aus der Haut ich flieg'!
Der ‚Niemand' wahrlich trägt die Schuld.
Wenn ich die Schwindsucht krieg'. -

Hab's meinem Nachbar jüngst geklagt,
Da lacht er schadenfroh,
Und hat mir im Vertrau'n gesagt,
Bei ihm ging's ebenso.
Herr ‚Niemand‘ überall sich zeigt,
Hindurch das ganze Jahr;
Manch' Ding versteht sich nicht so leicht,
Und dennoch ist es wahr.

Anleitung zum Küssen.

Jedes Ding, sei's noch so einfach, immerhin braucht es Erfahrung,
Und was uns die Meister lehren, dienet uns zur Zeitersparung;
Jedes Ding, es will gelernt sein, sei es singen, lieben, trinken,
Oder sei es Verse schmieden, die nicht krachen und nicht hinken.

Sei doch still von solchen Dingen, solchen längst erschöpften Themen!
Ihr habt Recht, doch sagt woher man neue Stoffe stets soll nehmen?
Halt, ich hab' es! Und auf dieses werd' ich mich beschränken müssen,
Komme her, verliebter Jüngling; denn ich lehr' die Kunst zu küssen.

Von den Lippen alter Tanten strömet nie der rechte Segen,
Auch am Kusse der Geschwister ist nicht immer viel gelegen;
Deshalb speziell ich spreche von dem Kuß der ersten Liebe,
Jener Zeit, von der man wünschet, daß sie ewig grünen
bliebe.

Schwer die Kunst ist zu erlernen, wie man Perlen macht
aus Kohlen,
Schwerer ist die Kunst von Lippen süße Himmelslust zu
holen;
Darum horch' auf meine Lehre; zieh' den Ort erst in
Betrachtung,
Denn nicht überall versenkt man sich in göttliche Ver=
schmachtung.

Auch die Zeit verdient Erwägung; küsse nur im Licht
der Sterne;
Jede andere Beleuchtung halt' gewissenhaft du ferne.
Uebereil' dich nicht, thu' langsam und gerath' nicht in
Ekstase,
Küß' auch nicht auf Hals und Ohren, noch viel wen'ger
auf die Nase.

Dein Gesicht sei hübsch gewaschen, Anmuth strahl' aus deinem Auge;
Rein'ge zeitig deine Lippen von des Tabaks scharfer Jauche:
Gib auch Acht, daß sich kein Lauscher irgend im Gebüsche rege,
Zweie sind genug zum Küssen, jeder And're ist im Wege.

Herz an Herz ihr also ruhet, ihre Augen halb geschlossen;
Sieh' hinein, doch sei nicht eilig; schnell geküßt, ist halb genossen.
Fasse Muth und neig' dich vorwärts, ihre Lippen sind schon offen,
Laß sie deinen nur begegnen; gut gezielt ist halb getroffen.

In ein Meer von Himmelswonne seid ihr Beide hinge=
sunken,
Und die Erde und die Sterne taumeln um euch freude=
trunken;
Um der Liebe neuen Altar tanzen eure Nerven lose,
Wie der leichtbeschwingte Zephir um die thaubeglänzte Rose.

Ihre Haarfrisur und Kleider laß dabei doch unversehret,
Darfst sie auch nicht stoßweis küssen wie man Ochsen=
 frösche specret.
Weiter ist noch zu beachten, daß man vorher, eh' man
 küsset,
Keinen Kümmel trinkt und auch nicht Zwiebeln oder
 Käse isset.

Also, lieber Jüngling, lernst du reiner Liebe Offenbarung;
Jedes Ding, sei's noch so einfach, immerhin braucht es
 Erfahrung,
Meine hast du hier; ich hoffe, daß sich als probat er=
 weiset
Ihre Lehre und daß Jeder mich dafür im Stillen preiset.

Der Wirthin Töchterlein.

Es schifften drei Schiffer wohl über die Lahn,
Bei einer Frau Wirthin da hielten sie an.

„Frau Wirthin, schenkt einen Kümmel uns ein:
Wo hat sie ihr lustiges Töchterlein?"

„Mein Nordhäuser Schnaps ist süffig und klar,
Mein Töchterlein heute ein Söhnchen gebar!"

Der Erste, der trank seinen Kümmel im Nu,
Stürzt schnell aus dem Hause und sagte dazu:

„Lebt wohl, meine Freunde, auf ewig, denn wißt,
Eine Vaterschaftsklage kein Kinderspiel ist!"

Der Zweite behaglich den Nordhäuser trank,
Dann setzt' er zur Wirthin sich hin auf die Bank.

„Ich leert' mit der munteren Tochter manch' Glas,
Doch im Kindbett liegen ist wahrlich kein Spaß.

Ich scherzt' mit der munteren Tochter manch' Jahr;
Wie schade, daß sie ein Kindlein gebar!"

Der Dritte einen neuen Schnaps sich bestellt,
Und schwärmerisch schaut er hinein in die Welt:

„Ich habe sie treulich geliebet bis heut,
Doch wer jetzt sie noch liebte, der wär' nicht gescheut."

Indische Legende.

Eine Anzahl nackter Mönche
Die seit langen, langen Jahren
Ihren Körper nicht gewaschen,
Die des Nachts im Freien schliefen,
Und die jeden Wunsch besiegten
Um Nirwana zu gewinnen,
Kamen einst voll Ungeziefer
In die Wohnung eines Reichen.
Dieser, froh der seltnen Ehre,
Ließ nun seine Töchter rufen.
„Kommt," er sprach, „hier seht ihr Heil'ge,
Niemals saht ihr solche Gäste!"

Doch statt sich zu freuen, wandten
Seitwärts sie den Kopf voll Abscheu,

Murmelnd leise: „Sind dies Heil'ge,
Möchten wir doch gerne wissen,
Was die Menschen machen sollen,
Deren Herz mit Schuld beladen?
Gott im Himmel sei gepriesen,
Daß wir doch noch sünd'gen können!"

Weibliche Unterhaltung.

„Ich hab' es gehört!"
„Wer hat es gesagt?"
„Nun ja, ihre Freundin,"
„Gott sei es geklagt!"
„Dachte lange es schon."
„'s ist gräulich!"
„Abscheulich!"
„Bitte, sprich nicht davon!"

„Das arme Geschöpf!"
„Barmherziger Gott!"
„Wer hätt' es geglaubt?"
„O Schande, o Spott!"
„Dünkt' die Schönste sich hier."
„Schon dreißig."
„Das weiß ich."
„Zwischen dir doch und mir."

„Hegt' lang schon Verdacht."
„Verschlagen sie war."
„Heraus kommt doch Alles."
„Nun ist's offenbar,"
„Ihre Ketten plattirt."
  „O Schwindel!"
  „Gesindel!"
„Und ihr Busen wattirt!"

„Adieu! Es ist Zeit!"
„O laß dies Gered'!"
„Es wartet die Mutter."
„Es ist noch nicht spät."
„Denk', ich gab ihr mein Wort!"
  „O Sorgen!"
  „Bis morgen!"
„Gott sei Dank, daß sie fort!"

Die undankbare Schlange.

Eine Fabel aus dem Ehestandsleben.

An einem Tage, rauh und kalt,
Ging einst ein Landmann in den Wald,
Und eine Schlange halb erstarrt
Hat dort er aus dem Schnee gescharrt;
Er nahm sie ohne Furcht und Graus
In seiner Tasche mit nach Haus.

Kaum war die Schlange aufgethaut,
Als sie im Zimmer um sich schaut:
Mein Gift soll einzig, leis sie sprach,
So wie ich hör', für Menschen sein,
Und tief die Schwiegermutter stach
Bis auf den Knochen sie in's Bein.
Vor Schrecken sie zusammenbrach,
Und leichenblaß ward ihr Gesicht;
Der Bauer that, als säh' er's nicht.

Dann kam ihr wie von ungefähr
Das Weib des Hausherrn in die Quer,
Die stach sie ebenfalls in's Bein
Bis auf den Knochen tief hinein;
Und leichenblaß ward ihr Gesicht,
Der Bauer that, als säh' er's nicht.
Vergiftet lagen da die Frauen,
Es war ein Jammer anzuschauen.

Und in derselben Unglücksstund'
Da kommt des Landmanns Lieblingshund
Schweifwedelnd froh hereingeschlichen;
Gleich ist von ihren gift'gen Stichen
Auch er, das treue Vieh, bedroht.
Der Bauer sieht's — „dies ist dein Tod,
Undankbar Thier, du gehst zu weit!"
Er voll Entrüstung wüthend schreit,
Und greift zur Axt mit Eile,
Haut sie in tausend Theile.

Monolog eines heirathsfähigen Mädchens.

Stille Beschauung,
Liebeserbauung,
Aussicht auf Trauung
Glücklich mich macht.
Denn es ist Zeit schon,
Bin auch bereit schon,
Sogar an's Kleid schon
Hab' ich gedacht.

Jung nicht, auch alt nicht,
Heiß nicht, auch kalt nicht,
Und von Gestalt nicht
Groß und nicht klein;
Leute betrübend,
Andere liebend,
Heirathsverschiebend
Darf er nicht sein.

Voll stets die Taschen,
Rein stets gewaschen,
Ferne den Flaschen
Bleiben er muß.
Stets sei er zärtlich,
Herzhaft und härtlich,
Kräftig-schnurrbärtlich
Brenne sein Kuß.

Brav, nicht romantisch,
Klug, nicht pedantisch,
Froh, nicht bacchantisch
Sei mein Gesell.
Könnt' ihr ergründen,
Wo er zu finden,
Thut mir's verkünden
Aber recht schnell!

Gutgerathene Schüler.

Zwanzig junge Frösche eilten eines Morgens früh zur
Schule;
Jeder hatte sich bei Zeiten aufgemacht aus seinem Pfuhle,
Und gestürzt zur reinen Waschung in das Wasser sich,
das klare,
(Kamm und Bürste sie nicht brauchten, denn sie hatten
keine Haare.)

Doktor Ochsenfrosch las heute, schilfbekränzt war sein
Katheder;
Gold'ne Weisheitsworte sprühten, voller Andacht lauschte
jeder;
Denn er sprach wie ein Prophete, lehrte laufen, hüpfen,
springen
Und auch colorirte Lieder mit Gefühl und Würde singen.

Und so wurden diese Schüler groß zu ihrer Eltern Freude,
Und sie sitzen hochgeehret in des Schilfes Dickicht heute,
Lassen nun bei andern Kleinen gold'ne Weisheitsworte sprühen,
Um für's weite Reich der Frösche brave Bürger zu erziehen.

Trinklied.

Langgehälste, runde Flasche,
Du bist voll und ich bin leer;
In dir wohnet nicht nur Bacchus,
Nein, der Musen ganzes Heer.

Treue, vielgeliebte Freundin,
Der mein Herz ich anvertraut,
Weil der Stern der Lieb' und Hoffnung
Klar aus deinem Innern schaut.

Bacchus selten kommt alleine;
Sieh', er bringt im Sturmesschritt
Leider auch den losen Knaben,
Den Verderber Amor mit.

Gegen zwei so starke Götter
Kämpft ein schwacher Mensch nicht an;
Und es ist kein Wunder, daß er
Strauchelt oft auf seiner Bahn.

Langgehälste, runde Flasche,
Freundin? Doch du bist's nicht mehr;
Heißt das friedlich auch gelebet!
Ich bin voll und du bist leer?

Meineide.

Schwör' nie bei saurem Rebensaft:
Von jetzt den Wein verachte ich!
Schwör' nie bei einer falschen Maid:
Nach Liebesgunst nicht schmachte ich!
Schwör' nie, wenn tief ein Dorn dich sticht:
Kein Röslein mehr betrachte ich!
Schwör' nie, wenn dir ein Lied mißlang:
Nach Dichterruhm nicht trachte ich!
Denn du denkst doch: Solch einen Schwur:
Von Jugend auf verlachte ich!

Maulhelden.

Wer da bitt'ren Mangel leidet,
Und doch thut, als ob er reich sei;
Wer da klein ist und doch vorgibt,
Daß er einem Riesen gleich sei;

Wer da haßt und doch erzählet,
Daß vor lauter Lieb' er toll sei;
Wen da inn're Leere quälet,
Und doch thut, als ob er voll sei;

Wer da feig ist und doch prahlet,
Daß sein Lebensglück der Streit nur —
Der spielt seine Heldenrolle
Sicherlich auf kurze Zeit nur.

Trost für die Masse.

Aller Erdendinge Schönstes
Ist ein braver Köhlerglaube:
Freude bringt er, stillt die Sorgen,
Wie der gold'ne Saft der Traube.

Uns'res Lebens Räthsel löset
Nie ein menschliches Gehirne;
Trostlos ist des blassen Denkers
Hohe, gramgefurchte Stirne.

Bitte Gott, der Dummheit größtes
Maß dir gnädigst zu verleihen;
Nur ein Dummer bringt es fertig
Sich der dummen Welt zu freuen.

Ein Ghasel.

Wenn ich ihr in das Antlitz seh', werd' ich bezaubert ganz und gar,
Und flehe still die Götter an: „Macht mich zu einem Augenpaar!"
Wenn ihrem holden Rosenmund ein schmachtend' Liebeslied entströmt,
Dann bete zu den Göttern ich: „Macht mich zum Ohre ganz und gar!"
Und wenn nach heißem Küssen sie sich lächelnd auf den Schooß mir setzt,
Dann rufe ich: „O Götter, macht mich nicht zum Narren ganz und gar!"

Frühmorgen.

Noch dunkel war's. Vergnügt ich ging
Zur blumenreichen Au hinaus,
Und zum Geburtstag pflückte ich
Der Liebsten einen duft'gen Strauß.

Und wie ich nun da suchend träumt',
Erschreckte mich ein Freudenschrei;
Ich dreh' mich um — und munter fliegt
Die kranzgeschmückte Maid herbei.

Es floh der Schlaf sie in der Nacht,
D'rum lief sie auf die Au hinaus;
Um mich am Morgen zu erfreu'n
Pflückt' sie mir einen Blumenstrauß.

Wir setzten uns in's grüne Gras,
Es sang der Nachtigallen Chor;
Und vor uns aus dem Nebel stieg
Der Sonne rother Glanz empor.

O Gott, wie ist die Welt so schön,
Die Erde ist kein Jammerthal!
An jenem Morgen schienen mir
Zwei liebe Sonnen auf einmal.

Ersatz.

Eine Schöne auf dem Ball
Ihren Fächer einst verlor.
Kein Verlust! — Es machten Herrn
Starken Wind genug ihr vor.

Lache!

Tiefes Leid bleicht deine Wange,
Und dein Blick wird täglich trüber;
Ruhig, Freund; wie alles And're
Geht dein Leben auch vorüber.

Tausende belebter Körper
Kreisen in dem Weltenraume;
Sie verschwinden und ihr Dasein
Glich nur einem kurzen Traume.

Gräm' dich nicht! der Dinge Kreislauf
Kehrt sich nicht an deine Klage;
Keines Menschen Denkerstirne
Löst des Lebens schwarze Frage.

Keine Thrän' dem Gegenwärt'gen,
Dem Vergang'nen und Zukünft'gen;
Merk', am schnellsten naht der Erdqual
Schluß dem lachenden Vernünft'gen!

Das Orakel.
Nach Walther von der Vogelweide.

In eines Zweifels herbem Wahn
War ich versenkt, so daß ich dacht'
Zu künden ihr den Dienst fortan,
Als mich ein Trost ihr wieder bracht'.
Trost sag' ich? Nein, es thut mir leid,
's war nur ein kleines Tröstelein;
Doch ohne Ursach' keine Freud',
Darum, ihr Freunde, lacht nicht mein.

Ich maß ein kleines Hälmchen Stroh,
Wie bei den Kindern oft ich sah;
Es macht' dies Spiel mich wieder froh,
Denn mir war sicher Gnade nah.
„Thut sie," sprach ich, „thut nicht, — sie thut," —
So oft ich maß, wuchs meine Ruh';
Das letzte Wort war immer gut,
Doch Glaubensmuth gehört dazu.

Auch ein Schlummerlied.

Schlaf, Kindlein schlaf,
Sei immer fromm und brav!
Ich trage dich auf meinem Arm,
Und sing' dazu, daß Gott erbarm.
Schlaf, Kindlein, schlaf.

Schlaf, Engel, schlaf,
Und blök' nicht wie ein Schaf!
Ist dann verzehnfacht seine Zung'?
Er schreit ja wie ein Nibelung.
Schlaf, Kindlein, schlaf.

Schlaf, Mäuschen, schlaf,
Ich bin ein armes Schaf.
Das Kinderhüten ist kein Spaß,
Wenn man das Schlummerlied vergaß.
Schlaf, Kindlein, schlaf.

Schlaf, Unhold, schlaf,
Dein Vater war ein Schaf,
Daß er die Mutter ausgeh'n ließ,
Und dein zu warten ihr verhieß.
Schlaf, Kindlein, schlaf.

Schlaf, Schreihals, schlaf,
Bin ein geplagtes Schaf.
Je mehr ich sing', je mehr es schreit,
Man hört's wahrhaftig meilenweit.
Schlaf, Schreihals, schlaf.

Schlaf, Bengel, schlaf,
Die Mutter ist ein Schaf,
Daß sie bei ihrer Tante weilt
Und schleunigst nicht nach Hause eilt.
Schlaf, Bengel, schlaf.

Schlaf, Scheusal, schlaf,
Vermaledeites Schaf!
Ich singe doch, so gut ich kann,
Doch fängt es nicht zu schlummern an.
Schlaf, Scheusal, schlaf.

Schlaf, Kindlein, schlaf,
Bist heute gar nicht brav.
Noch eine zweite solche Nacht,
Und ich werd' in das Grab gebracht.
Schlaf, Schreihals, schlaf.

Schlaf, Bengel, schlaf,
O fräß dich doch ein Schaf;
Ich muß hier Kinderwärter sein,
Und ginge so gerne doch zum Wein.
Schlaf, Scheusal, schlaf.

Schlaf, Schreihals, schlaf,
Ich unglücksel'ges Schaf.
Der Himmel weiß, was ihm gebricht,
Gibt es denn keinen Schlaftrunk nicht?
Schlaf, Kindlein, schlaf.

Schlaf, Kindlein, schlaf,
Bin ein geduldig Schaf.
Trag' dich im Zimmer hin und her,
Trotzdem du einen Zentner schwer.
Schlaf, Kindlein, schlaf.

Schlaf, Bengel, schlaf,
Du miserables Schaf.
Wie bist du schwer. Oh weh, mein Arm!
Ich fühl' ihn kaum, daß Gott erbarm.
Schlaf Bengel, schlaf.

Schlaf, Scheusal, schlaf,
Der — hol' das Schaf.
Ach, mir erlahmen Hand und Fuß,
Plumps! Wer fiel hin? Bin ich's, bist du's?
Schlaf, Kindlein, schlaf.

Xenien.
Nach dem Griechischen des Lucian.

Nikon's Nase.

Zwei der Meilen ist lang die gebogene Nase des Nikon,
Wenn er Flüsse passirt, fängt er sich Fische damit.

* * *

Einem Weinhändler.

Oftmals sandtest Du Wein mir; doch Wein, wie den letzten,
Kann ich nicht brauchen — der Arzt keinen Salat mir
erlaubt.

* * *

Einem Geizhals.

Wahrlich Du bist wie der Esel, der werthvolle goldene Lasten
Schleppt auf dem Rücken, und nur Disteln zum Futter
sich sucht.

Lob des Esels.

Graues Langohr, voller Mitleid
Wähle ich dich zur Betrachtung;
Denn mich rührt's, daß überall du
Bist gesunken in der Achtung.

Jeden Einfaltspinsel nennt man
„Dummen Esel" allerorten,
Doch aus welchem Grunde ist mir,
Ich gesteh's, nie klar geworden.

Noch zur Zeit des alten Bundes
Deinen inner'n Werth man schätzte,
Als in Rinder, Knechte, Esel
Seinen Stolz der Reiche setzte.

Simson thät mit deinem Kinnback'
Die Philisterschaar erschlagen;
Solche Wunderdinge sieht man
Nimmermehr in unf'ren Tagen.

Doch dies ist des Esels Schuld nicht,
Schlecht ist, der ihn deshalb schmälet;
Manchen Eselskinnback gibt's noch,
Nur der starke Simson fehlet.

Einstens hast du auch geredet,
Wie wir in der Bibel lesen;
Dein prophet'scher Reiter ist nicht
Halb so klug wie du gewesen.

Er sah nichts, du einen Engel
Vor dir in dem Wege stehen;
Heut' erblicken Esel Engel,
Wo Propheten Gänse sehen.

Deinen Kopf, den schätzt man wahrlich
In Samaria nicht geringe;
Denn man gab zur Zeit des Hungers
Für ihn achtzig Silberlinge.

Selbst den heil'gen Leib des Heilands
Hat dein Rücken einst getragen;
Schmach und Schande, daß dich heute
Grobe Müllersknechte plagen.

Unbekannt ist dir die Mode,
Grau und schlicht ist deine Kleidung,
Klar ist deine starke Stimme,
Wenn auch nicht des Lauts Bedeutung.

Bist du störrisch, nun, so macht dich
Schnell ein derber Prügel fügsam;
Disteln ziehst du vor dem Braten,
Ja, bei Gott, du bist genügsam.

Doch von wirklichem Verdienste
Menschen gar zu gerne schweigen;
Nöthig war's, den Hippogryphen
Dir zur Ehre zu besteigen.

Probatum est.

Sollen nimmer sein die Menschen
Dir zuwider, sei nicht blöde
Und verschlinge jeden Morgen
Vor dem Frühstück eine Kröte.

Die junge Wittwe.
Schottisches Lied.

Die Wittwe sang ein Lied gar süß,
Den Kopf sie schmachtend hängen ließ,
    Und blickte auf Lord Johnnie.

Lord Johnnie seufzt, daß sie erschrickt;
Verwundert und bezaubernd blickt
    Sie wieder auf Lord Johnnie.

Da ward es ihm um's Herze warm;
Es legt auf ihren Stuhl den Arm
    Der ritterliche Johnnie.

Schnell hat sie's Köpfchen umgewandt
Und sanft glitt ihre zarte Hand
    In seine, o Lord Johnnie!

Der Lord nicht lange müßig stund,
Küßt erst die Hand und dann den Mund;
   Der glückliche Lord Johnnie.

D'rauf drückt er fest sie an die Brust
Und sprach: „Mein Weib Du werden mußt!"
   „So sei's," sie sprach zu Johnnie.

Blaues Glas.

Tod, wo ist dein Stachel? heißt es jetzt in Philadelphia;
Ja, als der Erfinder Größter stehet Pleasanton nun da.
Menschheit juble, denn von nun an beißt kein Kranker
    mehr in's Gras,
Alle Trübsal hat ein Ende, und das Heil heißt b l a u e s
    G l a s.

Todtengräber laßt die Arbeit, legt die Schaufel ruhig hin;
Aerzte bleibt in eurer Klause, aus ist's mit der Medizin.
Doktor Pleasanton, der Yankee, hat die Menschen weit
    und breit
Gegen Tod und jede Krankheit ja mit blauem Glas gefeit.

Setze blaues Glas in's Fenster, blau die Zimmer tapezier',
Schwindsucht, Kopfweh und Verstopfung hältst dann du
    von deiner Thür.
Trinkest du aus blauen Gläsern, nie ein Rausch dich über=
    mannt,
Und den Zeitgenossen bleiben rothe Nasen unbekannt.

Blau, das ist des Himmels Farbe, ist die Farbe auch der Treu,
Darum soll ihr Loblied werden jetzt mit jedem Morgen neu.
Mädchen singt mit neuer Rührung von dem blauen Jungfernkranz,
Traget blaue Strümpfe, wenn ihr nicht ermüden wollt beim Tanz.

Eine blaue Zipfelmütze trage, wenn Du Kopfweh hast,
Blaue Stiefel bringen nimmer dir der Hühneraugen Last;
Doch was soll ich weiter reden? Alle Theorie ist grau,
Vivat hoch der Zukunftsfarbe! Vivat hoch dem edlen Blau!

Bist vielleicht du, lieber Leser, ein beglückter Ehemann,
Schaffe dir vor allem andern schleunigst blaue Fenster an,
Und ich hoff' zum Schluß, daß niemals eine Scheibe daran klirrt
Und daß dir's durch meinen Hymnus blau nicht vor den Augen wird.

Resignation.

Sie ging an meinem Fenster vorbei
Gar oft und lachte herein;
Doch nahte ich je in Gesellschaft ihr,
Dann ließ sie mich immer allein.

Mein Glück, das zeigte mir ebenso
Von Weitem ein freundlich Gesicht;
Ich streckte gar oft die Hand nach ihm aus,
Doch erhaschen konnte ich's nicht.

O Glück, du verschwandst; doch mehr noch vermiß
Ich die Blicke der herrlichen Maid;
Doch ich hoffe und wünsche, wo immer ihr weilt,
Daß ihr beide beisammen stets seid!

Der Jägerburſch.

Des Morgens früh ſtand der Jägerburſch auf,
Wollt' eilen zum wald'gen Reviere;
Und des Förſters holdſeliges Töchterlein
Erwartet ihn ſtill an der Thüre.

Eine Flaſche Wein ſteckt' ſie heimlich ihm zu,
Zur Labſal auf einſamer Runde;
Ein Lebewohl dann und das Mägdelein
Entließ ihn mit küſſendem Munde.

O Gott im Himmel, einem Engel befiehl,
Daß Schutz dem Jüngling er bringe;
Denn die Liebe, der Wald und der funkelnde Wein
Sind drei gefährliche Dinge.

Vom Küssen.

Wenn das Küssen ungesetzlich,
Wär' es Niemand anzurathen;
Denn dann hätten viel zu schaffen
Richter und die Advokaten.

Wär' das Küssen unmoralisch,
Und verdürbe es die Herzen,
Würden dann selbst alte Priester
Junge Damen küssend herzen?

Wär' das Küssen unbescheiden
Und würd' Anstoß es erregen,
Ließen dann die jungen Mädchen
Sich so leicht dazu bewegen?

Auch nicht selten ist das Küssen,
Ohne Geld ist's auch zu haben;
Und so kann daran sich jedes
Arme Liebespaar erlaben.

Aufgabe für einen Allmächtigen.

Hat unser Herrgott gebaut ein Kirchlein, so stellet der Teufel
Eiligst ein Wirthshaus dabei, lehret ein alter Poet.
Viel doch hätte zu thun Jehova, wenn heute er wollte
Stellen ein Kirchlein dahin, wo man ein Wirthshaus
erblickt.

Glück.

Wenn der Mensch Jahr aus, Jahr ein
Unter diesen Horden ist.
Duldend unsagbare Pein,
Niemals lernt was Morden ist,
Und er nun als alter Mann
An des Todes Pforten ist —
War er glücklich, wenn bis dann
Nicht verrückt er worden ist.

Der Philosoph.

Es war ein Mann in unf'rem Bund,
Ein sehr gelehrtes Haus,
Der sprang in einen Dornbusch und
Stach sich die Augen aus.

Als er nun sah nach einer Stund',
Daß fort die Augen sei'n,
Da sprang er in den Dornbusch und
Stach sie sich wieder ein!

Weinlied.

(Nach § 11 zu singen.)

Wenn in solch' gefühllosen Zeiten
Ein Quorum zusammen man bringt,
Das ohne Beneiden und Streiten
Den Abend vertrinkt und versingt,
Dann soll man den Augenblick halten,
Gemüthlich sich streichen den Bart,
Verscheuchen des Sorgenheers Falten
Beim Wein nach germanischer Art.

Dann werden zu Menschen wir wieder,
Die männliche Würde sich regt,
Es sprechen erschütternde Lieder
Von dem, was das Herze bewegt.
Dann giebt's kein Geheimniß, kein tiefes,
Dann giebt's weder Trauer noch Schmerz,
Dann giebt es kein Urtheil, kein schiefes,
Es liegt auf der Zunge das Herz.

Dem sei, der uns knechtet und knebelt
Und hält in tyrannischer Macht,
Der Kopf von dem Rumpfe gesäbelt,
Und das in der heutigen Nacht!
Brecht, Freunde, die ihr nicht feig seid.
Dem Schergenchor das Genick;
Hoch lebe die Freiheit und Gleichheit,
Hoch lebe die Repopublik!

Es hörte der trock'ne Philister
Von Kant und Hegel noch nie;
Er ißt und trinkt, folglich ist er,
Heißt seine Philosophie.
Die concupiscible Bewegung,
Das Ding an sich und sein Grund
Er hält nebst jeglicher Regung
Für hyperboräischen Schund.

Die Liebe! Gestehet, ihr Feger,
Wir sehen, so alt wir auch sind,
Viel lieber als bucklige Neger,
Ein frisches, hochbusiges Kind.

Wo immer wir lieben und küssen,
Stets sei uns zur Ehre die Wahl,
Doch laßt's unsre Frauen nicht wissen,
Es gäbe sonst Heidenskandal!

Es dunkelt in riesigen Fernen,
Verdächtig der Abendwind weht,
Verstummt sind die Straßenlaternen,
Kalender im Mondlichte steht.
Wir sitzen so fest wie gemauert,
Im Antlitz den Heiligenschein;
Gott gebe, daß lang' noch es dauert,
Eh' leer wird das Faß in dem Wein!

Zur Beachtung.

Nimmer sprich zum Augenblicke:
Weile doch, du bist so schön!
Niemals wird das Tagsgestirne
Dir zu Liebe stille stehn.
Willst die Zeit du recht genießen,
Laß sie schnell vorüber fließen.

Kennst du das Land?

Da, wo der Spaten glänzet,
Und wo voll von Rost das Schwert;
Da, wo der Arzt zu Fuß geht
Und wo der Landmann fährt;
Da, wo das Alter herrschet,
Die Jugend es verehrt;
Wo voll ist stets die Scheune,
Das Zuchthaus stets geleert;
Wo nie zum Aberglauben
Die Menschheit ward bekehrt;
Da wo der Weg zum Richthaus
Durch Dornen ist gestört;
Wo niemals falsche Eide
Die Maid dem Jüngling schwört —
Dort ist das Land des Glückes,
Das unser Herz begehrt.
Wo liegt's? Du fragst; ach Niemand
Hat je davon gehört.

Alternative.

Komm', sie sprach, am Abend, kannst dann
Deine Verse deklamiren!
Ging auch hin; denn sicher dachte
Ich ihr steinern Herz zu rühren.

Ging zu ihr mit großer Hoffnung;
Hatte meine besten Lieder
Gut studirt — sie war alleine,
Solches Glück, das kehrt nicht wieder!

Glühend sprach ich; sie indessen
Stand am Faß und stampfte Butter,
Und das Hauskleid, das sie anhatt',
War ein Erbstück ihrer Mutter.

Lieber Schatz, komm' ich einst wieder
Mit Gedichten zart und packend,
Ziehst Du an die schönsten Kleider,
Oder Du bleibst gänzlich nackend!

Menippus und Merkur.

Ein Todtengespräch nach Lucian.

....

„Freund, ich bitte dich, da glücklich
Ich passirt' die styg'schen Wellen,
Mich den Helden und den Frauen
Aus der Vorzeit vorzustellen.

Denn ich kann nichts als Gerippe,
Und als Schädel hier erspähen;
Und ein Hauptwunsch meiner Jugend
War: Die Helena zu sehen!"

„Diese klappernden Skelette
Sind die Helden der Poeten.
Troja's Königin? Auf ihren
Schädel hast du jetzt getreten!"

„Was? Um dieses Ding da hat einst
Mancher Held den Hals gebrochen?
Griechenland hat tausend Schiffe
Einst bemannt um diesen Knochen?"

„Anders sprächst du, hättst du früher
Sie gesehn in ihrem Leben;
Und du höhntest jene nimmer,
Die sich für sie hingegeben.

Denn die Schönheit gleicht der Blume,
Glänzt im Farbenschmucke heute;
Morgen aber liegt verdorrt sie
Als des rauhen Herbstes Beute!"

„Dieses wundert mich ja eben,
Daß solch nicht'gen Dinges wegen
Die Trojaner und Achäer
Sich so lang im Haar gelegen.

Täglich wird mir's klarer, sicher
Unterliegt es keinem Zweifel:
Alle Helden beider Seiten
Waren schrecklich dumme Teufel!"

„Habe keine Zeit, Menippus,
Heute zum Philosophiren,
Denn ich muß noch viele Schatten
Nach dem Tartarus abführen."

Die Ratte in der Bildſäule.

Bildſäulen hat man in China auf zahlreichen Plätzen errichtet
Und ſie dem Schutzgeiſt des Orts aus Achtung und Ehr-
furcht gewidmet.
Schmucklos ſind ſie aus Holz, und kärglich mit Farben bemalet,
Und im Innern hohl. — In einer derſelben einſt hatte
Sich eine nagende Ratte gemüthlich niedergelaſſen,
Und zerſtörte von innen die heilige Säule des Schutzgeiſts.
Deshalb nun traten zuſammen die Bürger des Orts zur
Berathung,
Fragten, was ſollen wir thun die Ratte unſchädlich zu
machen?
Setzen das Bild wir in's Waſſer, ſo wird es die Farben
verlieren,
Viel noch gefährlicher wär's mit Feuer das Thier zu
vertreiben!
Alſo kein Mittel man fand. Das Bild, wie es ſtand,
blieb es ſtehen,
Und der Ehrfurcht vor ihm verdankte die Ratte ihr Leben.

* * *

Also auch geht es im Staat. Die Gunst des Fürsten genießen
Zahlreiche Leute, die längst verdienet den Galgen; sie danken
Nur der Achtung ihr Leben, die Jeder dem Könige darbringt.

Also auch geht's in der Kirche. Verworfene Diener in Christo
Giebt es genug, und sie danken ihr Leben und Stellung und Einfluß
Nur der Achtung allein, die Jeder dem Göttlichen darbringt.

Vertauschte Rollen.

„Ja, ja," sprach der Professor Lang, „mein Weib,
Gott hab' sie selig, war ein Musterbild
Von einem Engelein an Seel' und Leib;
Sie war die Sanftmuth selbst, und ward ich manchmal wild,
(Wie das die Woche siebenmal geschah)
Sprach sie kein Wort, nur hat zuweilen sie geweint."
Kaum war sein Trauerjahr vorüber, da
Hat er mit einer Andern sich vereint.
Den lieben langen Tag sie zankt' und schalt,
Und der Professor war ihr stets im Weg;
Und jede Stund' er seufzt und wünscht, daß bald
Bei seiner Ersten sie im Grabe läg'.
Doch sie ist fest wie Mahagonyholz,
Fest trumpft sie auf, daß der Professor bebt,
Und nahe ist die Zeit, dann sagt sie stolz:
„Ach, wie mein sel'ger Mann kein zweiter lebt!"

Aus dem Regen in die Traufe.

Einen Weisen fragt man einst:
"Wenn zur Abendstunde
Hochentzückt ein junger Mann
Hängt an Liebchens Munde —

Wenn im Schlaf die Wächter ruh'n,
Fern sind die Rivalen,
Liebesflammenblicke hell
Ihrem Aug' entstrahlen —

Wenn, wie der Araber sagt,
Reif die Datteln alle,
Schützt ihn seine Tugend dann
Vor dem nahen Falle?"

"Kann er auch dem Reiz der Maid,"
Sprach er, "widerstehen,
Der Verläumdung wird er doch
Sicher nicht entgehen!"

Der Einsame.

Fragt nicht nach dem Grund und lasset mich
In der Einsamkeit stets wohnen;
Leichter sind mir meine Fehler
Als die anderer Personen.

Werth des Unglücks.

Alter Husten ist gefährlich,
Heischt vom Beutel manche Steuer,
Doch er ist dem Arzt dasselbe
Was dem Papst das Fegefeuer.

Verschiedene Ansichten.

O, wie ist in der Welt doch Alles so herrlich geordnet,
Ueberall siehet die Spur göttlicher Weisheit der Mensch!
Seht dort zum Beispiel den Storch, der suchend das
                    Wasser durchschreitet,
Schnabel und Beine sind lang, fing er auch sonst wol
                    den Frosch?
Groß ist die Weisheit des Herrn! Doch will es schier
                    mich bedünken,
Daß der Frosch in dem Teich andere Ansichten hat.

Prädestination und freier Wille.

Handeln wir frei oder nicht? Sind unsere Thaten die Folge
Dunklen Triebs der Natur, welchen wir selten verstehn?
Oder — genug doch! Es haben die Philosophen von jeher
Dieses Problem ventilirt ohne entscheidenden Schluß.
Leicht ist das Räthsel; es sind die Menschen zu Narren bestimmet,
Aber man gab ihnen frei, wie sie es zeigen der Welt.

Heiraths-Angelegenheiten.

Will, Sohn, dein Junggesellenstand
Zu deinem Unglück ewig währen?
Warum nimmst du dir keine Frau?
Du kannst wahrhaftig sie ernähren.

Von ganzem Herzen will ich ja
Mich deinem Rathe anbequemen;
Doch warum, Vater, sagest du
Nicht wessen Frau ich mir soll nehmen?

Er und Sie.

Komm, er sprach, mir einen Kuß gieb
Mit dem Munde rosenroth!
Nein, sie sprach, mit Männern scherzen
Meine Mutter mir verbot!

Und er ging. Die Maid indessen
Still für sich im Innern klagt:
S e i n e Mutter hat ihm doch nicht
M i ch zu küssen untersagt!

Consequenz.

Mancher Maid in meiner Jugend
Hatt' mein Herz ich zugewandt;
Jene Zeit kennt keine Tugend,
Das ist männiglich bekannt.

Auch als Greis flieh' wie ein Falter
Ich von Blum' zu Blume zart;
Tadelt nicht! Man weiß, das Alter
Nie vor Thorheit uns bewahrt.

Glück im Unglück.

Zwei Mücken, ein Männlein und Fräulein
Im Liebesspiel sich ergingen,
Da kam ein Spätzlein geflogen
Und thät sie beide verschlingen.

Dadurch, daß es beide getödtet
Erspart es viel Klagen und Weinen;
Auch brauchen wir nimmer zu lauschen
Dem Trauergesumme der einen.

Des Verliebten Sparsamkeit.

Als ich einst am Abend spät
Verse schrieb für's Liebchen,
Sah ich plötzlich auf — sie stand
Vor mir in dem Stübchen.

Eilig löschte ich das Licht,
Und sie sagte züchtig:
„O, wie hast du mich erschreckt,
Du warst unvorsichtig!"

„Lieber Schatz, das kennst du nicht;
Thöricht wär's zu nennen,
Wenn vor mir die Sonne steht,
Ließ' das Licht ich brennen!"

Am Morgen.

Am Morgen ich ein Röschen sah,
Als einsam durch das Feld ich ging;
Und glanzlos wie des Todten Blick
Der Thau an seinen Blättern hing.
Doch als die Sonne beschien das Land,
Da ward der Thau zu Diamant.

Am Morgen ich ein Mädchen sah,
Als einsam durch ein Dorf ich schritt;
Sein Aug' war trüb, die Wange blaß,
Als ob's geheimen Kummer litt'.
Doch wie der Liebste den Gruß ihm bot,
Da strahlt' es gleich im Rosenroth.

Berauschung.

Allzu ungestüm ich sei;
Lieber Schatz, ja, du hast Recht!
Sieh, mir geht's wie jenem Mann,
Der zum ersten Male zecht
Echten, gold'nen Feuerwein.
Flasch' auf Flasche wird geleert,
Bis daß er zuletzt erfährt,
Was es heißt, berauscht zu sein.

Allzu ungestüm ich sei;
Lieber Schatz, ich geb' es zu.
Auf der ganzen, weiten Welt
Keine Zweite giebt's, wie du,
Holdes, gold'nes Mägdelein!
Als ich gläubig deiner Spur
Folgte, ich zuerst erfuhr,
Was es heißt, verliebt zu sein!

Chinesische Sprüche.

I.

Trinkst du Wasser nur und hältst du
Keinen Wein im Haus,
Ob er billig oder theuer
Macht dann wenig aus.

Treibt dich nie ein schwer Verhängniß
In des Nachbars Haus;
Ob nun gut, ob schlecht die Menschen
Macht dir wenig aus.

II.

Starke Medizin, sie mundet
Selten, doch sie stillt den Schmerz;
Mancher Rath verletzt die Ohren,
Doch er rettet unser Herz.

III.

Wie von deiner Tugend, rede
Von des Nachbars guten Seiten;
Seiner Laster denk', als müßtest
Strafe du dafür erleiden.

IV.

Wenn ein Wandrer in der Irre
Plötzlich einem Freund begegnet,
Ist's, als ob's nach langer Dürre
Plötzlich stromweis niederregnet.

V.

Wenn du den Rock anziehst,
Denk' an den Weber dann;
Führst du das Brod zum Mund,
Denk' an den Ackermann.

VI.

Wohnt auf dem Markte ein Armer, es kennet kein Mensch
    ihn; dem Reichen,
Flieht er ins tiefste Gebirg, folgen Verwandte sogleich.

VII.

Scharf sei und rücksichtslos streng, wenn du Gesetze mußt
 geben;
Mußt du sie später vollziehn, gnädig und liebevoll sei.

VIII.

Such am Rechten Platz das Rechte
Und du sparst dir viel Verdruß;
Suche Fische nicht im Walde
Und nicht Brennholz in dem Fluß.

IX.

Sollen Gold und Silber glänzen,
Mußt du sie nur tüchtig reiben;
Soll das Herz erstarken, dürfen
Sorgen ihm nicht ferne bleiben.

X.

Hast du Geld im Beutel, kannst du
Irgend einen Geist citiren;
Hast du keins darin, so kannst du
Keinen Sklaven kommandiren.

XI.

Fußlos sind die guten Thaten,
Schlechte laufen wie die Hasen;
Gute bleiben stets zu Hause.
Schlechte eilen auf die Straßen.

XII.

Jüngling, suchst du Weisheit, merke:
Eines Narren Wort nicht frommt?
Wie das Elfenbein bekanntlich
Nicht aus Rattenmäulern kommt.

XIII.

Singt ein Loblied auf die Sonne!
Doch nicht Jedermann vermag's;
Dieben, Dirnen, Mördern, Nackten
Grauet's vor dem Licht des Tags.

XIV.

Schnell ist der Donner des Feldstücks, doch schneller die
    menschliche Rede;
Sprich einem Weibe in's Ohr, meilenweit hörst du es bald.

Weinlied.

Nach dem Griechischen des Bachylides.

Laßt ein Lobeslied uns singen
Auf den gold'nen Wein im Becher;
Keins von allen Erdendingen
Wirkt wie er als Sorgenbrecher.

Laßt die Zeit uns nicht vertrauern,
Laßt uns trinken um die Wette;
Muthig stürmen wir die Mauern
Und erobern reiche Städte.

Lasset trinken, die da dürsten,
Jeden lasset froh genießen:
Denn der Wein macht uns zu Fürsten,
Und die Welt liegt uns zu Füßen.

Unsre Häuser sind Paläste,
Nur Beglückte darin wohnen:
Schiffe bringen uns das Beste
Täglich her aus allen Zonen.

Armuth schwer und Mißgeschick hat
Niemals auf der Welt der Zecher,
Drum wer dies zu sein das Glück hat,
Sing' ein Lied vom vollen Becher!

Erklärlich.

Eine göttergleiche Jungfrau war es, die ich gestern sah;
In dem Park ging sie spazieren, gaffend stand die Menge da
Ob der Anmuth ihres Ganges, ob des Eindrucks ihres Blicks:
Wen sie ansah, hielt sich sicher für den Günstling des Geschicks.

Doch, was soll ich lang beschreiben, wie so reich sie war
und hold?
Arme, Finger, Ohren, Busen zierten Perlenglanz und Gold.
Sag', wie heißt sie? ist sie ledig? hab' den Nachbar ich
gefragt;
Jene Dame, sprach er, niemals eine Lüge hat gesagt!

Keine Lüge? Wie wär's möglich? Ach, es klingt wie
Spott und Hohn.
Ja, sie theilt dieselbe Ehre mit dem Vater Washington.
Keine Lüge? Dann ist's sicher, Niemand hat sie noch gefreit,
Denn im Ehstand kommt bekanntlich mit der Wahrheit
man nicht weit.

Keine Lüge? Ich gesteh es, diese Antwort ist nicht klar;
Jene göttergleiche Jungfrau zählt doch sicher zwanzig Jahr.
Ihre üpp'ge Körperfülle ist Natur sie oder Kunst?
Ihre Antwort, das beschwör' ich, ist darauf nur blauer
 Dunst.

Ward sie je gefragt, ob ächt sei'n ihrer Perlenzähne Reih'n,
Ob nicht ihrer Wangen Röthe stamme aus geheimem
 Schrein,
Ob ihr wallend Lockenhaar nicht wuchs auf einem fremden
 Kopf?
Wer hier ihrer Antwort glaubet, der ist ein betrog'ner Tropf.

Doch ist's wahr! Zum größten Glücke schätzt' ich mir's auf
 dieser Welt,
Wenn ich dieser selt'nen Jungfrau einmal würde vorgestellt.
Das geschah — von Herzen gerne ich das Wort des Nachbars
 glaub',
Daß sie Lügen nie gesprochen; — jene Maid war stumm
 und taub.

Xenien für Frauen.

I.

Trefflich das Frauengeschlecht zum Stand der Gelehrten sich eignet,
Da es die Hälfte des Tages meist sich mit Kopfarbeit quält.

II.

Billig und klein war das Kleid der Eva, nachdem sie gesündigt:
Messen und zahlen den Staat heutiger Frauen ist schwer.

III.

Glas sind die Herzen der Frauen, auch sind sie wie Glas zu behandeln;
Nur mit Demant du schreibst dauernd den Namen d'rauf ein.

IV.

Kühn wird das Weibchen sobald das Hochzeitsmahl sie gegessen;
So wie der Löwe, nachdem menschliches Blut er geschlürft.

V.

Mädchen mit Rosengesichtern, sie gleichen den billigen Möbeln,
Denen am häuslichen Heerde schnelle der Firniß erblaßt.

VI.

Ach, es bricht mir das Herz! schrei'n täglich die Frauen, doch merke,
Nur die Nüsse, die hohl, brechen am schnellsten entzwei.

VII.

Niemals sage ein Wort des Zornes das Weib zum Gemahle;
Wenn in den Alpen man schreit, leicht man Lawinen erweckt.

VIII.

Immer spreche mit Sanftmuth die Frau mit dem zankenden Manne;
Säcke, gefüllet mit Sand, trotzen Kanonengeschoß.

IX.

„Ewig verflucht sei der Tag der Hochzeit!" sie schrie: „Daß des Glückes
Einzige Stund' du verfluchst", gab er zur Antwort, „ist dumm!"

„Wie mein Herz mich zu ihr hinzieht —"

Wie mein Herz mich zu ihr hinzieht,
Ohne sie kann ich nicht leben;
Komm an meine Brust! Vergebens
Ist ja doch dein Widerstreben.

Aber die Vernunft ruft altklug:
Halt, laß dich bei Zeiten warnen,
Trau' ihr nicht; durch list'ge Kniffe
Will die Falsche dich umgarnen!

Komm nur her, geliebte Jungfrau,
Laß den Schicksalskampf uns wagen!
Lieber leide ich durch Lieben,
Als durch nüchternes Entsagen.

Bei Jugendfreunden.

Die Luft des Sommers lag schwül auf dem Land
Setzte trocken Kehle und Quelle;
Fort, fort mit der Feder, den Wanderstab her,
Ich steige hinauf zur Kapelle!

Auf hohem, schwindelnden Berge sie steht,
Und der Pfarrhauskeller ist kühle;
Zwei muntere Priester hausen darin,
Sie waren der Jugend Gespiele.

Zwei prächtige Jungen! Ich habe sie nicht
Gesehen seit mehreren Jahren.
In früherer Zeit, wie Fama erzählt,
Sie gerade die Frömmsten nicht waren.

Ich trat in die Wohnung. Vor Rührung und Freud'
Wir Drei in die Arme uns sanken;
Dann holten sie Wein — bei Gott, er war gut! —
Und wir tranken und tranken und tranken.

Wie Vollmond erblühte ihr rundes Gesicht,
Kein Elend furchte die Stirne;
Kein Weltschmerz trübte den heiteren Blick,
Kein Pessimismus ihre Hirne.

Ja, ihr seid glücklich! Kein keifendes Weib
Ihr habt, noch lärmende Kinder:
Kein Recensent macht die Haare euch grau,
Noch sonsten ein menschlicher Sünder.

Nur eine heil'ge Jungfrau ihr liebt
Unschuldig in einsamem Zimmer;
Ich habe inzwischen gar viele geliebt,
Sie waren heilig nicht immer.

Ja, ihr seid glücklich, wahrhaftig ihr seid
Die einz'gen Vernünft'gen auf Erden!
Stoßt an! Mit beiden Händen ich schwör's,
Ich muß euer Confrater werden.

Ich glaub' nicht! Solch göttlicher himmlischer Wein
Verbannet doch jeglichen Zweifel;
Stoßt an! Ich glaube unglaublich viel,
Ich glaube an Gott und den Teufel.

Ich glaube, daß Jonas in Wallfisches Bauch
Drei Tage herum ist gekrochen,
Glaub', daß der Elias zum Himmel auffuhr,
Und Bileam's Esel gesprochen.

Blickt nicht so verdächtig und wundert euch nicht
Des ungewöhnlichen Falles;
Bei Nepomuk schwör' ich — that's niemals zuvor —
Ich glaube an Alles, an Alles!

Stoßt an und schänkt ein! Ich glaube sogar
An die unbefleckte Empfängniß;
Das Cölibat nur, das liebe ich nicht,
Es ist ein verwünschtes Verhängniß.

Famoses Getränke! Von Herzen ich glaub',
Daß jeder Papst infallibel;
Das Cölibat nur im Wege mir steht,
Es ist ein abscheuliches Uebel.

Ein heiliges, christliches, seliges Band
Muß alle Menschen umschlingen;
Das Evangelium und köstlichen Wein
Soll jedem Heiden man bringen.

Und morgen früh da ziehen wir aus,
Die ganze Welt zu bekehren;
Ihr predigt und singet die Messe, ich werd'
Das Trinken inzwischen sie lehren.

Die Nacht brach herein. Voll Rührung ich sank
Stumm hin in die schlottrigen Kniee;
Und als ich von meiner Andacht aufstand,
War's Morgen und zwar nicht sehr frühe.

Bei meinen Freunden am Boden ich lag,
Mir summt' es im Kopf melancholisch;
Und endlich fiel es mir ein, — ich war
Ja gestern allzu katholisch!

Schakal und Hahn.
Afrikanische Fabel.

Als den Schakal Hunger plagte
Packt' er einen fetten Hahn;
Dieser aber schrie und klagte:
„Lieber Freund, das geht nicht an
Mich auf einmal zu verschlingen,
Zu vergießen treues Blut,
Ohn' dem Himmel Dank zu bringen,
Wie der weiße Mann es thut!"

„Sag', wie macht es dann der Weiße,
Und du sollst sogleich es sehn?"
„Nun, er faltet erst die Hände,
(Augenblicklich war's geschehn)
Darnach macht er voller Inbrunst
Seine beiden Augen zu!"
Schakal that's, es schwang der Hahn sich
Auf den nächsten Baum im Nu.

Endlich öffnet' er die Augen
Und zugleich das Maul zum Fraß,
Doch da rief der Hahn voll Schalkheit,
Der auf sich'rem Baume saß:
„Lieber Freund, nennst du dies beten?
Solche Andacht ist nicht gut,
Schließe doch die beiden Augen,
Wie der weiße Mann es thut!"

Traurig schritt nun fort der Schakal,
Der bei sich im Stillen dacht':
Wieder so ein neuer Schwindel,
Den der Weiße uns gebracht.
Ueberall auf weiter Erde
Wo man hinblickt, wo man steht,
Da betrügen uns die Frommen;
Ja, ein Schwindel ist's Gebet!

Winter — Sommer.

Nach dem Griechischen des Alkäos.

Sturm und Frost und Schneegekräus!
Brüder kommt zu mir an's Feuer,
Draußen ist es nicht geheuer,
Unbarmherzig wüthet Zeus.

Freunde, kommt zu mir herein,
Laßt den Winter auf der Straße,
Kommt und greift zum vollen Glase
Und gar bald wird's Sommer sein!

Glücklicher Ausgang.

Ein Armer, der sich hängen wollt',
Der fand zum guten Glück
Beim Baume eines Geiz'gen Schatz,
Und ließ das Seil zurück.

Der Geizhals, dem sein Geld geraubt,
Erhing sich an dem Strick —
Wenn einer stets dem andern hilft,
Dann gibt's kein Mißgeschick.

Giraffe und Schildkröte.

Die Giraffe ging spazieren
Einst allein an einem Flusse
In dem Land der Hottentotten,
Als ein Schildkrötlein, ein junges,
Sie bemerkte an dem Ufer.
Rüstig reckte es die Glieder,
Heiter blickte in die Welt es,
Und sein muntres, sorglos Wesen
Der Giraffe Neid erregte.
„Mißgestaltetes Geschöpfe"
Sagte sie, „du sollst dich schämen
Mit solch widerwärt'ger Larve
Auf dem Land herum zu kriechen;
Bleibe doch in deinem Sumpfe
Und bedenk, daß mir's ein Leichtes
Mit dem Huf dich zu zermalmen!"
D'rauf das Schildkrötlein erwidert':

„Bin ich etwa dir im Wege,
Langgehälstes Ungeheuer,
Dann zerstampf' mich ohne Weit'res!"
Solche lose Sprache hatte
Die Giraffe nie vernommen,
Und sie trat in ihrem Aerger
Auf es, daß es weithin hallte.
Doch das Schildkrötlein, das junge,
Hatte noch zu rechten Zeiten
Eingezogen Kopf und Füße,
Wie die Mutter es gelehret;
Und so unter seinem Schilde
Lacht' es der Giraffe Tritte.
Diese nun voll Wuth und Aerger,
Daß das kleine Thier ihr trotzte,
Rief: „Du freche, garst'ge Kröte,
Soll ich etwa dich verschlingen?"
D'rauf das Schildkrötlein erwidert':
„Wie du willst; denn meine Mutter
Sagte, das Verschlungenwerden
Sei ja unsere Bestimmung!"
Kaum war ihm das Wort entfahren
Als es packte die Giraffe,
Und den Hals hinunter schickte.

Aber unterwegs da spreizte
Sich das Schildkrötlein und biß sich
Kräftig fest, daß die Giraffe
Keinen Athem holen konnte
Und nach kurzer Zeit erstickte.
Darnach kroch's hervor und eilte
Hin zur Mutter in dem Sumpfe
Und erzählt sein Abenteuer.
„Kind, du machst mir viele Freude,"
Rief sie aus: „Denn deine Klugheit
Schützt uns gegen Nahrungssorgen!"
Und vom Fleische der Giraffe,
Lebten beide lange Jahre
In dem Land der Hottentotten.

Triolette.

I.

Schatz, besungen willst du sein,
Doch auf dich paßt kein Sonett;
Nimm deshalb dies Triolett,
Schatz, besungen willst Du sein;
Wär' ein and'res Liebchen mein,
Anders ich gesungen hätt'.
Schatz, besungen willst du sein,
Doch auf dich paßt kein Sonett.

II.

Bist ein schöner Schmetterling,
Fliegst nur in der Luft herum,
Sprichst kein Wort, als sei'st du stumm —
Bist ein schöner Schmetterling.
Sicher wär' auch dein Gesumm
Wie dies Triolett so dumm;
Bist ein schöner Schmetterling,
Fliegst nur in der Luft herum,

Aus dem Orient.

Werth und Ort.

Der Edelstein ein Edelstein
Im allertiefsten Schmutze bleibt;
Der Staub bleibt Staub und wenn ihn auch
Der Sturm hinauf zum Himmel treibt.

Waffen.

Der Feige braucht sein großes Maul,
Sein gutes Schwert der tapf're Held,
Die junge Maid ihr schön Gesicht,
Die alte Jungfer braucht ihr Geld.

Unklug.

Wer statt zu Vischnu seine Hand
Zum andern Gotte betend hebt,
Der gleicht dem Mann, der einen Born
Am Uferstrand des Ganges gräbt.

Dreifacher Mord.

Drei Männer sterben allzugleich an der Verläumdung Gift:
Der, welcher spricht, der, welcher hört und der, den es betrifft.

Ellbogenraum.

Saadi sagt: Zwölf Arme schlafen
Sanft auf einem Strohbund ein,
Doch das allergrößte Reich ist
Für zwei Könige zu klein.

Sonnenanbeter.

Sonnen sind Zuleika's Augen,
Wo sie hinseh'n Blumen sprießen,
Sommervögel munter singen
Und die Silberbächlein fließen.

Sonnen sind Zuleika's Augen,
Blick' hinein und du bist glücklich;
Sei auch irgend welchen Glaubens,
Du wirst Parse augenblicklich.

Unmöglichkeiten.

Einen schlechten Mann und eine schlechte Frau
Die sah ich jüngst in Fried' und Ruh' —
Ich aß da krumme Hühnermilch
Und trank ein Ochsenei dazu.

Vergeltung.

Ein Metzger einst ein fettes Schaf
Still grasend auf der Wiese traf,
Schnell griff zum Messer er und sprach:
„Halt her den Hals und stirb darnach!"

„Ich leide," sprach das Schaf, „für's Gras
Und für die Blumen, die ich fraß:
Doch welches Loos ist dem bescheert,
Der sich von meinen Keulen nährt?"

Lebensregel.

Lieber barfuß geh'n,
Als an den Füßen enge Schuh';
Lieber gar kein Haus,
Als eine böse Frau dazu.

Fraglich.

Gäb's keinen einz'gen Adler
Mehr in dem Vogelreich,
Dann fragt sich's noch, ob König
Die Eule wird' sogleich.

Unzerbrechlich.

Ein kleiner Simson ist mein Herz,
Bricht jede Bande leicht wie Glas,
Und jede Fessel ist ihm Scherz,
Nur nicht die Fesseln Delila's.

Schnell entschieden.

Vischnu fragte Baal einst: „Willst du
Mit fünf Narr'n im Himmel sitzen,
Oder mit fünf weisen Männern
In der Hölle Abgrund schwitzen?"

Baal gab Antwort gleich und wählte
Sich das Letzt're auf der Stelle.
Recht er hatte, denn den Himmel
Machen Narren doch zur Hölle.

Unnöthige Furcht.

Die Sonne stand am Himmel tief,
Daß großen Schatten warf ein Zwerg;
Ein Riese sah's von hohem Berg
Und augenblicklich fort er lief.

Der Trinker.

Des Weines Sonne ist
In meinem Mund zur Ruh' gegangen,
Von ihrem Abendroth
Erglühen mir noch beide Wangen

Uebertriebenes Zartgefühl.

Bricht mir im Fuße ab ein Dorn,
So trag' den Schmerz ich wie ein Mann,
Mir thut nur leid es um den Dorn,
Weil er nicht weiter wachsen kann.

Sporteln eines amerikanischen Landgeistlichen.

Sommermorgen es war; die Grüße der Blüthen und Blumen
Füllten die Lüfte, der Sang von zahlreichen Vögeln ertönte
Munter aus Buschwerk und Baum der ebenen Landschaft
des Westens.

Blau war der Himmel, doch blauer die Augen des reizenden
Mädchens,
Das vor dem Farmhause stand und ernst nach der Land-
straße blickte.
Bald doch ertönte ein Hufschlag und bald ward sichtbar
ein Rappe
Mit dem rüstigen Sohn des alternden Nachbars im Sattel.

Knurrend und bellend die Hunde zur Thüre des Zaunes
nun stürzten,
Aber die Stimme des Jünglings macht' plötzlich die Feinde
zu Freunden,

Wedelnd begleiteten sie ihn hin zu der harrenden Jungfrau,
Die dann mit Händedruck ihn und feurigem Kusse bewillkommt'.

Darnach führte ein Pferd ihr Vater herbei und das Mädchen
Schwang sich behende hinauf, und dann ging es fort im Galoppe
Nach dem benachbarten Dorf, woselbst ein Geistlicher wohnte.

Schlecht sind, der Bräutigam sprach, die Zeiten, es bringen die Früchte
Wenig jetzt nur auf dem Markt: es sind der Verkäufer zu viele.
Rar ist das Geld jetzt und sollte der Pfarrer für's Trauen nicht nehmen
Was ich im Säckchen ihm bringe, wir feierten heute nicht Hochzeit.

Hab nur acht auf das Säckchen, sie sprach, damit's nicht vom Pferd fällt,
Oder nicht aufgeht und wir den kostbaren Inhalt verlieren.

Endlich kamen sie vor die ländliche Wohnung des Pfarrers.
Und der Bräutigam sprang vom Pferde und öffnet' die Thüre,
Trat dann schüchtern in's Haus. Es ließ das Mädchen inzwischen
Nicht aus den Augen das Pferd und das Säckchen mit kostbarem Inhalt.

Komm, er ist es zufrieden! er rief aus dem Fenster und eiligst
War sie vom Pferde und trug in's Pfarrhaus behutsam das Säckchen.
Bald nach wen'gen Minuten da war dann die Trauung vollzogen,
Und das glückliche Paar begab sich beruhigt nach Hause.

* * *

Sommermorgen es war. Es füllten bezaubernde Lieder
Zahlreicher Vögel die Luft, es dufteten herrlich die Blumen;
Heiter strahlte die Sonne, doch heit'rer die Augen des Paares,
Weil der bied're Pastor statt Geld mit den Bohnen vorlieb nahm.

Aus Buddha's Dhammapada.

I.

Einsturz droht dem Hause,
Das nicht reparirt wird:
Ausgeh'n wird das Feuer,
Das nicht recht geschürt wird;
Wer mit Weisheitslehren
Zeitig nicht geziert wird,
In das größte Elend
Sicher einst geführt wird.

II.

Kauerst du in einer Ecke
Ohn' ein Sterbenswort zu sagen!
Werden Dich mit ihrem Tadel
Freund und Feind beständig plagen.
Sprichst du viel – „O, kein Vernünftiger,"
Sagen sie, „wird immer schwätzen!"
Thue, was du willst, die Menschen
Haben etwas auszusetzen.

Ein Lied für Raucher und solche, die es werden wollen.

Liebe Brüder, meinem Hymnus auf das Rauchen leiht ein Ohr;
Doch, daß ich es nicht vergesse, brennt die Pfeife an zuvor,
Blast die Wolken auf zum Himmel aus des Mundes Dankaltar;
Nur in rauchbekränzter Stirne denkt die Seele hell und klar.

In Sermone und Gedichte bringt der Tabak Kraft und Saft,
Giebt dem Geiste neue Nahrung, sorget, daß er nie erschlafft;
Nur von einem Raucher wird es sicher noch herausgebracht,
Was der heil'ge Lehrer Buddha bei Nirwana sich gedacht.

Tabak ist der Sorgenbrecher allgemein für jede Zunft;
Kant vertieft' beim Morgenpfeifchen sich in's Wesen der Vernunft;
Klopstock schrieb die Messiade, — leider liest kein Mensch sie mehr —
Nehmt dem Feldherrn seine Pfeife und verloren ist sein Heer.

Was dem Mönch die rothe Nase, was die Berge sind der Schweiz,
Ist die Pfeife dem Gesichte, sie verleiht ihm neuen Reiz.
Ja, ein aromat'scher Dunstkreis ist dem Raucher Heil'genschein;
Hinter Wolken, also heißt es, sollen ja die Engel sein.

Ein Student ist ohne Pfeife eine Suppe ohne Salz,
Ohne sie gleicht er dem Biere dem's an Hopfen fehlt und Malz;
Sie befördert sein Studiren, sie befördert seinen Durst,
Und beim Rauchen sind ihm alle angelegten Pumpe Wurst.

Alten Basen laß das Schnupfen, rohen Yankees laß das Kau'n,
An der Pfeife muß ein ächter Raucher sich allein erbau'n;
Einen Tabaksbeutel nähe aus der Blase einer Sau,
Wenn dir keinen seid'nen schenket deine Liebste oder Frau.

Ja, die älteste der Künste ist die Kunst des Tabaksqualms,
„Anno Tabak" ist identisch mit der Zeit des Schachtelhalms;
Darum wack're Epigonen, haltet heilig jenes Kraut,
Und gedenkt des Unbekannten, der es einst zuerst gebaut.

Kein Bedauern zoll' Prometheus, dem geplagten frechen Tropf,
Stahl er doch des Himmels Feuer aus Jupit'rs Pfeifenkopf.
Ja, auch schon zu Zeiten David's kannte man den Götterbrauch,
Denn er seufzt': „Ach, meine Tage sind vergangen wie ein Rauch!"

Hätt' im Paradiese Adam nur geraucht anstatt gegähnt,
Hätt' er sich zum Zeitvertreibe nie nach einem Weib gesehnt,
Und dann wär' das Menschenleben jetzt ein ewiger Genuß,
Und das Flammenschwert des Engels brauchte man als Fidibus.

Früher ward, lehrt die Geschichte, oft das edle Kraut bekriegt;
„Leben oder Tabak!" hieß es, und der letzt're hat gesiegt.
Manchen warf man in's Gefängniß, drohte mit dem Tod sogar;
Ihren Manen bringe Weihrauch ich aus meiner Pfeife dar.

Schon der halberwachs'ne Knabe heimlich in's Gebüsche
kraucht,
Wo er, seiner Mannesswürde sich bewußt, ein Pfeifchen
raucht;
Dampft Cigarren auch zuweilen, wie er sie dem Vater
stiehlt,
Doch zur Strafe er gar bald den umgestülpten Krater spielt.

Mancher raucht aus Schneckenhäusern, wenn er sonst nichts
Beff'res hat,
Hat er keinen Lausewenzel, raucht er sonst ein Surrogat:
Trock'nen Klee und welke Blätter — zu Erfindern macht
die Noth.
(Es empfiehlt für solche Raucher Plinius trock'nen Ochsen=
koth.)

Leihe, hoffnungsvoller Knabe, meiner Lehr' ein off'nes Ohr,
Nimm dir keinen Nasenwärmer, nur aus langem Weich=
selrohr
Rauch' das Götterkraut bedächtig, anfangs sei's mit Laub
vermischt;
Gieb auch Acht, daß keine Tante bei dem Opfer dich erwischt.

8

Rauche langsam, dampf' nicht wie der Schornstein eines armen Manns,
Der nur grüne Reiser brennet; denk' auch nicht sobald: ich kann's.
Manche blasse Ueberwindung, manchen Kummer kostet's dich,
D'rum zur rechten Zeit dich wende an den heil'gen Ullerich.

Doch besitzest du Cigarren, die der Onkel dir „geschenkt",
Sei dein Weg hinauf zum Berge, oder in den Wald gelenkt;
Sorge, daß in sich'rer Tasche du dein Kleinod nicht erdrückst,
Wenn du in geheimer Absicht hinter einen Zaun dich bückst.

Sanft mit einem Federmesser schneid' die Spitze ab alsdann,
Mit dem zweit' und dritten Finger packst du sie, und steckst sie an;
Denkst darnach mit unsrem Schiller, wenn des Dampfes Säule weht:
„Rauch ist alles irb'sche Wesen, nur die Götter bleiben stet!"

Sauge nicht an der Cigarre, wie ein munt'rer Säugling
    lutscht,
Kau' nicht d'ran, sonst wird gar balde dir des Krauts
    Genuß verfutscht.
Rauche langsam, rauch' bedächtig, wie bereits ich schon
    bemerkt,
Und du fühlst dich bei dem Heimgang sicher wunderbar gestärkt.

Rauchst du später in der Stube, spuck' nicht wie ein alter Wal,
Dir verursacht's Magenschwäche, und der Hausfrau bitt're
    Qual.
„Wie der Boden aussieht," seufzt sie, (heimlich sagt sie was
    wie „Schwein"),
„Als ob hunderttausend Schnecken d'rauf herumgekrochen
    sei'n."

Weis die Zauberkraft des Tabaks nimmermehr in's Reich
    des Wahns,
Er heilt Körper und die Seele, stillt die Schmerzen deines
    Zahns;
Tabak ist ein Grillenscheucher und der schönste Zeitvertreib,
Flüssig angewendet bringt er Lind'rung dem verstopften Leib.

Reizt dein Weibchen dich zum Zorne, greif' zur Pfeife alsobald,
Rauch' sie ruhig leer und handle ja nicht eher bis sie kalt.
Eine vollgestopfte Pfeife und ein fester Fidibus,
Sparet dir im Eheleben manchen Aerger und Verdruß.

Sitzt man in Gesellschaft, wo man über Hegel disputirt,
Kann man, wenn man rauchet, schweigen, ohne daß man
      sich blamirt,
Und man bleibt nach altem Sprüchwort bei dem trans=
      cendalen Mist
Immer noch ein Philosophe, nämlich, weil man ruhig ist.

Lieg' ich in den letzten Zügen, reiche ich das Kalumet
Hin dem unbekannten Jenseits, dem mein Geist entgegengeht;
Und mit einer Tabakswolke weihet dann den Sarg mir ein,
Und zum Kirchhof folgen rauchend meine Freunde hintendrein.

Klopft die Asche dann als letzten Gruß in meine kühle Gruft,
Ueber meinem Hügel wehe Tabaksstauden holder Duft.
Aber eh' auch ihr vom Tode, Brüder, werdet angehaucht,
Schreibt auf meinen Grabstein diese Inschrift: Er hat
      ausgeraucht!

Priameln.

I.

Der, wer gut den Wagen schmiert
Jedem gibt, was ihm gebührt,
Wer sich nicht mit Pfaffen zankt,
Schon für guten Willen dankt,
Wer auf Kaffeeklatsch nicht hört,
Ein verliebtes Paar nicht stört,
Wer des Nachbars Weib nicht küßt,
Und nicht Stiefelknechte frißt,
Nicht vor jedem Frühstück schon
Einen Fürsten stößt vom Thron,
Wer im Beutel stets viel Geld —
Kommt gemächlich durch die Welt.

II.

Alte Wölfe, junge Lämmer,
Dünnes Glas und Schmiedehämmer,
Starke Riesen, schwache Schneider,
Lahme Männer, flinke Reiter,

Gift'ge Sträucher, frische Rosen,
Lange Beine, kurze Hosen,
Junge Buben, alte Weine,
Mittagsessen, schmutz'ge Schweine,
Schöne Frauen, alte Männer,
Faule Schnecken, schnelle Renner,
Kaltes Wasser, heiße Flammen —
Passen nimmermehr zusammen.

III.

Wenn der Ochs den Schlächter sticht,
Wenn man Mittags brennt ein Licht,
Wenn der Dieb den Richter hängt,
Wenn uns Rothschild Geld aufdrängt,
Wenn der Mann im Kindbett liegt,
Wenn kein Mädchen uns betrügt,
Wenn die Lahmen tanzen geh'n,
Wenn die Blinden Schildwach steh'n,
Wenn der Müller Thaler mahlt,
Wenn uns jeder Schuldner zahlt,
Wenn der König Esel treibt,
Wenn kein Mensch mehr Verse schreibt
Wenn ein Narr Magister lehrt —
Ist die ganze Welt verkehrt.

IV.

Für des Müllers Hühner,
Für des Kaisers Diener,
Für des Bäckers Schweine,
Für des Bischofs Weine,
Für des Geiz'gen Sohn,
Für des Neiders Hohn,
Für des Wirthes Durst,
Für des Metzgers Wurst,
Für der Wittwe Knecht,
Für des Königs Recht,
Für des Juden Borgen —
Braucht man nicht zu sorgen.

V.

Ein Jäger, der nicht lügt,
Ein Kind, das sich nicht fügt,
Ein Hund, der Jeden leckt,
Ein Wein, der Keinem schmeckt,
Ein Weib, das Jedem gut,
Ein Feldherr ohne Muth,
Und Stiefel ohne Sohlen —
Die mag der Teufel holen.

VI.

Wenn wir Millionen erben,
Unf're Feinde vor uns sterben,
Wenn mit Aerzten und mit Pfaffen
Nie im Leben wir zu schaffen,
Wenn wir niemals Advokaten
Brauchen müssen uns zu rathen,
Wenn wir keinen Buckel schleppen,
Niemals stolpern auf den Treppen,
Schöne Frau'n die Cour uns schneiden —
Sind wir wahrlich zu beneiden.

VII.

Alte, heirathslust'ge Basen,
Jungfern mit gespitzten Nasen,
Kutschen mit strohdürren Pferden,
Freunde, die ihr Gut verzehrten,
Fromme, auf den Himmel weisend,
Mädchen, ihre Tugend preisend,
Stiefel, die sich nicht erweitern,
Weine, welche nicht erheitern,
Schwiegermütter mit Beschwerden —
Können mir gestohlen werden.

VIII.

Wer Pfaffen Hab und Gut verschreibt,
Bis Mittag in dem Bette bleibt,
Wer Asche in die Suppe streut,
Und wer sich jedes Unglücks freut,
Wer Pfeffer in den Tanzsaal trägt,
Und täglich Frau und Kinder schlägt,
Wer derb den Frau'n bei jedem Schritt,
Auf ihre langen Kleider tritt,
Wer stets beim warmen Ofen sitzt
Und wacker bei dem Essen schwitzt,
Wer spät des Nachts nach Hause wankt,
Der thut, wofür ihm Niemand dankt.

IX.

Ein altes Pferd, das lahm und blind,
Ein faul und zänkisch Hausgesind,
Ein Esel, dem der Sack zu schwer,
Ein Schneider ohne Zwirn und Scheer',
Ein Weinfaß, welches fault und leckt,
Und eine Suppe, die nicht schmeckt,
Ein Schaf, das keine Wolle trägt,
Ein Weib, das ihren Eh'mann schlägt,

Ein junges Mädchen, das nicht küßt,
Ein Feldherr ohne Muth und List,
Der Essig, der nicht sauer macht,
Ein Kind, das weder weint noch lacht,
Ein Hund, der nie beim Hause bleibt,
Und eine Kreide, die nicht schreibt,
Ein Schiffer, welcher niemals flucht,
Die Katze, die nicht Mäuse sucht,
Ein Papst, der And're nicht verdammt,
Ein Lied, das nicht das Herz entflammt,
Ein Geldsack, welcher immer leer,
Sind sammt und sonders nicht weit her

X.

Wer tauben Menschen Lieder singt,
Zum Beten Junggesellen zwingt,
Wer löschen will der Sonne Glanz
Und treibet eine Kuh zum Tanz,
Wer einen Esel, groß und schwer,
Will jagen durch ein Nadelöhr,
Wer riecht an Blumen, die verwelkt,
Wer eifrig todte Ochsen melkt,
Wer eine Laus an Ketten legt

Und Wasser in den Rheinstrom trägt,
Wer einem blinden Manne winkt
Und wer aus leerem Becher trinkt,
Wer will, daß Stroh sein Haushund frißt,
Der schaffet gern, was unnütz ist.

An einen gewissen Sänger.

Ach, wie mühsam er sein Solo
Durch die heis're Kehle zwängt,
Wahrlich, wenn ein Hund so sänge,
Würd' er schleunigst aufgehängt!

Des Trinkers Jahreszeiten.

Heut' ist's doch der kälteste Tag in dem Jahr,
Zur Hölle, da möchte man laufen;
Das Herz selbst erfriert mir im Leibe fürwahr,
Man kann ja vor Kälte kaum schnaufen.

Dem Himmel sei Dank, daß ein Wirthshaus dort steht,
Herr Wirth, nur geschwind in den Keller!
Verdammt, wie der Schlingel so langsam hingeht,
Es ist eine Schnecke ja schneller!

Herr Wirth, hol' herbei mir den feurigsten Wein,
Schenk' ein mir vom besten Burgunder.
Bei Gott, er ist köstlich, hier läßt sich's gut sein,
Und thau ich nicht auf, ist's ein Wunder.

Wie klein doch die Flaschen zur Winterzeit sind,
Es ist Alles zusammen gefroren,
Ein Mundvoll ist d'rin für ein jammerndes Kind,
Das kaum eine Woche geboren.

Die Zweite herbei! Daß Gott sich erbarm,
Was bringt doch der Winter Beschwerden!
Ich trink' mich vor Kälte wie Hiob so arm,
O möcht' es doch Frühling bald werden!

Die Dritte herbei! Der Burgunder ist gut,
Sein Winzer verdient einen Orden;
Schenk' ein, Wirth, schenk' ein! Er erneut mir den
          Muth —
Ich glaub', es ist Frühling geworden.

Wie eilet die Zeit doch! O herrlicher Mai,
O lustige Käfer und Falter,
Wie grünen die Fluren! Die Vierte herbei,
Doch nimm dir die Zeit, lieber Alter!

Schenk' ein nur! Ein deutscher gemüthlicher Mann
Thut langsam sein Fläschchen stets leeren.
Die Fünfte herbei! Denn im Sommer da kann
Man kaum sich des Durstes erwehren.

Heut' ist's doch der heißeste Tag in dem Jahr,
Man kann ja vor Hitze kaum schnaufen;
Das Herz zerschmilzt mir im Busen fürwahr,
Wirth, laß mich zum Nordpol hinlaufen!

Rettung.

Wer durch die Beichte Absolution gewann,
Zog seiner Seel' ein frisches Hemde an.

Einem gewissen Schriftsteller.

Die Hälfte deines Buches, die
Du stahlst, sie erntet Beifall reichlich;
Stiehl schnell die and're Hälfte noch,
Dann ist dein Opus unvergleichlich.

Die Antiquarin.

Madame liebt, was antiquarisch,
Was römisch, celtisch oder griechisch,
Egyptisch, jüdisch oder phrygisch,
Walachisch oder auch tartarisch.
Und Jeden hält sie für barbarisch,
Der nicht entzückt von solchen Plundern.
Ganz recht; Wer wollte sie bewundern,
Wenn Niemand liebt', was antiquarisch?

Weibliche Arithmetik.

Laura.

Nie nehm' ich von ihm den Verlobungsring,
Und werb' er noch einmal so fleißig,
Erst achtzehn Jahr war im Frühjahr ich alt,
Und er schon, bedenkt! sechs und dreißig.

Mama.

Erst sechs und dreißig! das Heirathen ist
Für Männer so frühe nicht schicklich,
Wenn du nicht als Jungfer durch's Leben willst geh'n,
Dann reich' ihm die Hand und sei glücklich!

Laura.

Jetzt ist er noch jung, und schön auch und flink,
Und gerne deshalb mit ihm tanz' ich;
Doch wenn ich einst sechzig Jahre alt bin,
Ist er dann nicht hundert und zwanzig?

Phillis' Alter.

Wüßtest gern, wie alt wohl Phillis,
Die die Welt bezaubert, sei
Das ist eine schwere Frage,
Denn sie hat der Alter zwei.

Fest geschnürt und ausgepolstert,
Roth geschminkt, mit falschem Haar,
Ditto Zähnen, zählt man Tage
Sicher sie kaum zwanzig Jahr'.

Wenn zur Nacht die Astronomen
Durch der Kammerthüre Spalt
Sehen, wie sie sich entkleidet,
Ist sie fünfzig Jahre alt.

Eine Vision.

O wie freudig doch die Teufel
Mit den langen Schwänzen wedeln,
Wenn die Herrn Verleger Weine
Trinken aus Autorenschädeln.

Vergleich.

Alte Freunde sind die besten,
Laßt uns nicht nach neuen blicken;
Denn sie gleichen neuen Schuhen,
So die Füße schrecklich drücken.

Alter und neuer Glaube.

Bring' zuletzt die guten Weine,
Heißt die alte Judenregel;
Doch die Juden waren unklug,
Wußten nichts von Kant nnd Hegel.

Vorsicht ist der Weisheit Mutter:
Trink' zuerst den Wein, den ächten;
Kennst ja nicht des Lebens Dauer,
Und es eilt nicht mit dem schlechten.

Inhalts-Verzeichniß.

N. B. Bei einigen kleineren Gedichten, denen entweder ein griechisches, englisches oder orientalisches Vorbild zu Grunde lag, ist, da die Bearbeitung eine gänzlich freie und selbstständige ist, die Quellenangabe unterlassen worden.

	Seite.
Ein merkwürdiger Kobold	5
Anleitung zum Küssen	9
Der Wirthin Töchterlein	13
Indische Legende	15
Weibliche Unterhaltung	17
Die undankbare Schlange	19
Monolog eines heirathsfähigen Mädchens	21
Gutgerathene Schüler	23
Trinklied	25
Meineide	27
Maulhelden	28
Trost für die Masse	29
Ein Ghasel	30
Frühmorgen	31

                                                                    Seite.
Ersatz   32
Lache 33
Das Orakel   34
Auch ein Schlummerlied   35
Xenien   39
Lob des Esels   40
Probatum est   43
Die junge Wittwe   44
Blaues Glas   46
Resignation   48
Der Jägerbursch   49
Vom Kilssen   50
Aufgabe für einen Allmächtigen   51
Glück 52
Der Philosoph 53
Weinlied 54
Zur Beachtung 57
Kennst du das Land?   58
Alternative   59
Menippus und Merkur   60
Die Ratte in der Bildsäule   63
Vertauschte Rollen   65
Aus dem Regen in die Traufe   66
Der Einsame   67

	Seite.
Werth des Unglücks	67
Verschiedene Ansichten	68
Prädestination und freier Wille	69
Heirathsangelegenheiten	70
Er und Sie	71
Consequenz	72
Glück im Unglück	73
Des Verliebten Sparsamkeit	74
Am Morgen	75
Berauschung	76
Chinesische Sprüche	77
Weinlied	81
Erklärlich	83
Xenien für Frauen	85
„Wie mein Herz mich zu ihr hinzieht"	87
Bei Jugendfreunden	88
Schakal und Hahn	93
Winter — Sommer	95
Glücklicher Ausgang	96
Giraffe und Schildkröte	97
Triolette	100
Aus dem Orient	101
Sporteln eines amerikanischen Landgeistlichen	106
Aus Buddha's Dhammapada	109

	Seite.
Ein Lied für Raucher	110
Priameln	117
An einen gewissen Sänger	123
Des Trinkers Jahreszeiten	124
Rettung	127
Einem gewissen Schriftsteller	127
Die Antiquarin	128
Weibliche Arithmetik	129
Phillis' Alter	130
Eine Vision	131
Vergleich	131
Alter und neuer Glaube	132

Schriften

von

KARL KNORTZ.

—

Märchen und Sagen der nordamerikanischen Indianer. Jena 1871. H. Costenoble.

Aus dem Wigwam. Uralte und neue Märchen und Sagen der nordamerikanischen Indianer. Leipzig 1880. Otto Spamer.

Amerikanische Skizzen. Halle 1876. Hermann Gesenius.

Aus der transatlantischen Gesellschaft. Nord=amerikanische Kulturbilder. Leipzig 1882. Bernh. Schlicke.

Mythologie und Civilisation der nordamerikanischen Indianer. Leipzig 1882. Paul Frohberg.

Kapital und Arbeit in Amerika. Zürich 1881. Cäsar Schmidt.

Staat und Kirche in Amerika. Gotha 1882. Stollberg'scher Verlag.

Amerikanische Lebensbilder. Skizzen und Tagebuchblätter. Zürich 1884. Verlagsmagazin.

Eines deutschen Matrosen Nordpolfahrten. Wilhelm Nindemann's Erinnerungen an die Nordpolexpedition der „Polaris" und „Jeanette". Zürich 1885. Verlagsmagazin.

Longfellow. Eine literarhistorische Studie. Hamburg 1879. H. Grüning.

AN AMERICAN SHAKESPEARE BIBLIOGRAPHY. Boston 1876. C. Schoenhof.

Shakespeare in Amerika. Literarhistorische Studie. Berlin 1882. Theodor Hofmann.

Amerikanische Gedichte der Neuzeit. Frei übertragen. Leipzig 1883. E. Wartig.

MODERN AMERICAN LYRICS. Leipzig 1880. F. A. Brockhaus.

Zwei amerikanische Idyllen: „Elisabeth" von H. W. Longfellow, und „Eingeschneit" von J. G. Whittier. Uebersetzt. Berlin 1879. Jul. Bohne.

Longfellow's „Hiawatha". Uebersetzt, eingeleitet und erklärt. H. Costenoble.

Longfellow's „Evangeline". Uebersetzt. Reclam's Universalbibliothek.

Longfellow's „Brautwerbung des Miles Standish". Uebersetzt. Reclam's Universalbibliothek.

Gedichte. Reclam's Universalbibliothek.

Neue Gedichte. Glarus 1884. J. Vogel.

Humoristische Gedichte. Erste Auflage, Baltimore 1877. Roßmäßler und Morf.
Zweite Auflage, Glarus 1889. J. Vogel.

Lieder und Romanzen Alt-England's. Köthen 1872. Paul Schettler.

Schottische Balladen. Halle 1875. Waisenhaus.

Epigramme. Lyck 1877. Emil Wiebe.

Neue Epigramme. Zürich 1884. Verlagsmagazin.

REPRESENTATIVE GERMAN POEMS: Ballad and Lyrical. German Text with English Translations. New York 1885. Henry Holt & Co.

Göthe und die Wertherzeit. Mit dem Anhang: Göthe in Amerika. Zürich 1885. Verlagsmagazin.

Irländische Märchen. Zürich 1886. Verlagsmagazin.

Brook Farm und Margareth Fuller. Vortrag. New York 1886. (Vorträge des gesellig=wissenschaftlichen Vereins No. 11).

Walt Whitman. Vortrag. New York 1886. (Vorträge des gesellig=wissenschaftlichen Vereins No. 14).

Gustav Seyffarth. Biographische Skizze. New York 1886. E. Steiger & Co.

THE LIFE AND WORKS OF GUSTAVUS SEYFFARTH. New York 1886. E. Steiger & Co.

Lieder aus der Fremde. Freie Uebersetzungen. Glarus 1887. J. Vogel.

Lieder aus der Fremde.

Freie Uebersetzungen

von

Karl Knortz.

Glarus.
Druck und Verlag von
1887.

Presented to the library of the University of Cal. by the author. Karl Ku. Evansville, Ind.

Lieder aus der Fremde.

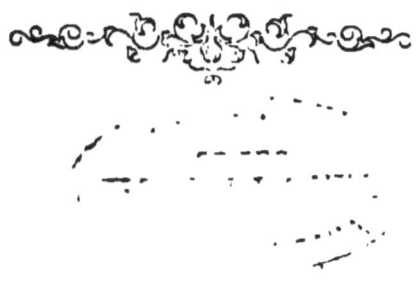

Lieder aus der Fremde.

Freie Uebersetzungen

von

Karl Knortz.

~~~~~~

Glarus.
Druck und Verlag von J. Vogel.

Erstes Buch.

Aus dem amerikanischen Dichterwalde.

George D. Prentice.

Ein Wunsch.

Ein Eiland liegt im Tropenmeer,
Wo Erd' und Himmel ewig lacht,
Und niemals braust mit wilder Macht
Der Sturmwind über Auen her.
Aus Myriaden Blumen zieht
Ein Weihrauchduft zum Aetherblau;
Und auf der freudereichen Au'
Ertönt der muntern Vögel Lied.

Das Schicksal hat uns nicht beglückt,
Sonst wohnten ohne Leid und Weh
Im Land wir, wie's der Dichter je
In seinem schönsten Traum erblickt.
O glücklich, wer dort ruhen kann
An einer treuen, edlen Brust;
Ein Blumentraum von Lieb und Lust
Wär' ihm sein ganzes Leben dann!

Der abwesenden Gattin.

'S ist Morgen und der Seewind fächelt,
Mir Freude und Gesundheit zu,
Und in dem Thau des Morgens lächelt
Die Blumenpracht nach dunkler Ruh'.
Wie Geister gleiten durch die Lüfte
Zum längst erblaßten Morgenstern
Des Waldes frische Weihrauchdüfte,
Doch traurig bin ich, — du bist fern!

'S ist Mittag; ruhig sind die Wogen,
Es schläft der Fluß am Waldessaum,
Als sei darüber hingezogen
Ein sanfter, leichter Elfentraum.
Aus schattigem Gemache senden
Magnolienblüthen, Stern an Stern,
Nun ihres Lichtes traute Spenden,
Doch traurig bin ich, — du bist fern!

'S ist Abend, und mit Eden's Glanze
Die Sonne mild die Erde malt;
Seht, wie das Sternenheer im Tanze
Gleich Blüthen aus den Wogen strahlt.
Wie unsichtbare Geister schaukeln
Die Lüfte sanft von Ort zu Ort;
Mit frohem Sang sie mich umgaukeln,
Doch ich bin traurig, — du bist fort!

'S ist Mitternacht, das sanfte Rauschen
Des Meer's verkündet Ruh' und Fried';
'S ist süß, im Halbschlaf ihm zu lauschen,
Wie einer Mutter Wiegenlied.
Es schickt die Nachtigall des Südens
Mir ihre Schlummerlieder zu;
Es klingt das Lied des Krieg's und Friedens,
Doch traurig bin ich, — fern bist du!

Ich träume, — bin ich noch alleine?
Ich hör' dich reden, süß und klar;
In meiner Hand halt' ich die deine,
Den Hals umschlingt dein Lockenhaar;
Die Lippen grüßt der Küsse Feuer,
Dein Kopf liegt auf dem Busen mir;
Ich habe Alles, was mir theuer,
Und ich bin glücklich, — du bist hier!

Ein einsames Kindergrab.

Nicht nach des Friedhof's heil'gem Grund,
Wo Marmorsäulen aufwärts ragen
Und Weiden und Cypressen stehn
Hat man dich, armes Kind, getragen.
So ruhest du nun ganz allein,
Von keinem andern Grab umgeben;
'S ist gut, doch deine Einsamkeit,
Die macht mein traurig Herz erbeben.

'S ist unbekannt, woher du kamst
Durch Wind und Wetter, Sturm und Regen;
Wer weiß, in welche Wildniß zog
Dein Elternpaar auf rauhen Wegen.
Wir wissen nur, du warst zu schwach
Für dieses Lebens steile Pfade;
Von fremden Thränen still benetzt
Ruht nun dein Staub in Gottes Gnade.

Wer weiß, wie viele Thränen doch
Aus Mutterauge dir gezollten,
Als in dem dunklen, öden Grab
Die Schollen auf dein Herze rollten!
Wie seufzt' und weint' sie bitterlich,
Der eine Hoffnung jäh vernichtet,
Als auf den Grabeshügel sie
Zum letztenmal den Blick gerichtet!

Wie es auch sei, schlaf wohl, mein Kind,
Wo nimmer Erdensorgen drücken;
Ein jeder Frühling wird dein Grab
Mit Knospen und mit Blüthen schmücken.
Das Mondlicht und die Zweige sanft
Umziehen dich mit heil'gem Schleier,
Und Thau und Regen bringen auch
Dir jährlich ihre Blumenfeier.

Ein Blümlein habe ich gepflanzt
Auf deinen Staub; nun muß ich wandern,

Voll Trauern zieh' ich weiter fort,
Wie vor mir es gethan die Andern.
Fahr' wohl, fahr' ewig wohl! Wohin
Auch immer mich das Schicksal treibet,
Des fernen Westens Kindergrab
Mir lebhaft vor der Seele bleibet.

John J. Piatt.

Dahin.

Ein mächtiger Riese einst erschien
Mir in der Jugendzeit;
„Ich bin", er sprach, „mit Herz und Hand
Zu deinem Dienst bereit."

„Hol' aus der Erde mir das Gold,
Die Perlen aus dem Meer."
Und aller Welten Schätze trug
Er schleunigst zu mir her.

„Erbaue mir ein stolzes Schloß
Am hohen Meeresstrand."
O Wunder, schon am nächsten Tag
Es fertig vor mir stand.

„Gib mir die engelgleiche Maid,
Die meine Sehnsucht stillt;
Ein jedes Land durchforsch' nach ihr".
Bald war mein Wunsch erfüllt.

„Nun gib mir Wissen." In mein Schloß
Da zogen eiligst ein
Gelehrte aus der ganzen Welt
Zum trauten Stelldichein.

„Nun bring' mir Weisheit." Diesmal doch
Mein Diener lange blieb.
Die Jahre flohn; die Zeit indeß
Mit Träumen ich vertrieb.

Arm, hilflos, ohne Obdach fand
Ich einen armen Greis;
Er schlotterte dahin gebückt,
Sein Haar war silberweiß.

„Ich bringe Weisheit dir," er sprach,
„Bin lang' darnach gereist;
Sieh' deinen Schlösserbauer hier!"
Ich sah der Jugend Geist.

Thomas B. Aldrich.

Palubrus Curinosas.

Gut' Nacht! Ich wünsche gute Nacht
Gar vielen engelsgleichen Dingen;

Gut' Nacht der Alabasterhand
Mit ihren steingeschmückten Ringen.
Gut' Nacht dem aufgeschlag'nen Aug',
Das herrlich wie ein Frühlingsmorgen;
Gut' Nacht dem wohlgeformten Mund
Und aller Süße d'rin verborgen —
Die weiße Hand hält mich am Platz,
D'rum nochmals gute Nacht, mein Schatz!

Doch einstmals kommt auch eine Zeit,
Klar in den Sternen kann ich's sehen,
Wann ich mit meinem „gute Nacht"
Werd' nicht mehr vor der Hausthür stehen.
„O, wäre jene Zeit schon jetzt!"
Du wünschest ohne zu erröthen?
Eh' gestern dieses du gesagt,
Dich eher hättest lassen tödten —
O wie ihr Aug' vor Freude lacht,
Gehab' dich wohl, mein Schatz, gut' Nacht!

Richard W. Gilder.

„Auf dem wilden Rosenstrauch."

Auf dem wilden Rosenstrauch
Ungezählte Knospen stehn;
Jede Sonnenstunde wird
Eine Blume reifen sehn.

Willst du klug und weise sein
In dem kurzen Leben hier:
Pflück' in jeder Sonnenstund'
Die vollkomm'ne Blume dir.

―――

Ellen M. Hutchinson.

Schattenlied.

Der Silberthau schon wieder fiel
Auf Garten, Berg und Matten;
Es ist des Regens Schattenspiel,
Ein sanfter, heller Schatten.

Das kühle, blasse Mondlicht lacht
Auf Wald und weiße Matten;
Es ist der hellen Sonnenpracht
Geheimnißvoller Schatten

Den trauten Pfad die Liebste schritt
Durch nebelgraue Matten;
Ich folge ihr auf jedem Tritt,
Bin ich doch nur ihr Schatten.

Charles Quiet.*)

Schnee.

Mit breiten Flügeln über Berg und Thal
Ein Riesenvogel schwebt am Firmamente;
Er zaust und pflückt die weiße Brust sich kahl
Und schüttelt Federflocken ohne Ende
Hin auf die kalte, feuchte Erde nieder,
Und läßt erstarren seine kalten Glieder.

Hoch über allen Erdenschranken läßt
Der Dichter einsam seine Laute tönen;
Es lauscht die Welt entzückt; ein solches Fest
Wird selten nur zu Theil den Erdensöhnen.
Süß ist sein Lied, doch bald ist es zerstoben,
Hat er sein Leben doch hinein gewoben.

Minot J. Savage.

Entzaubert.

Erst glaubte ich, sie sei ein Stern,
Für mich zu hell und zu erhaben;
Ich ehrt' deshalb sie aus der Fern'
Doch ohn' mein Herz dadurch zu laben.

---
*) Pseudonym für Royse.

Sie war ein Engel, der da flog
Still durch der Ideale Sphären,
Weil unf're Erde viel zu hoch;
Und sie als Gattin? — Glaubst du Mähren?

Sie war ein Röslein, zart und fein,
Von hohen Wällen rings umschlossen;
Dem Himmel zeigt' es sich allein,
Da nur sein Zauber ihm entsprossen.

Jetzt sitzt sie froh an meinem Heerd,
Ist nicht mehr Stern in Himmelsräumen;
Entzaubert hat sie mir gewährt
Mehr als ich je gewagt zu träumen.

Ein kleines Blatt.

Ein kleines, grünes Blättchen war's,
Das hing an einem Zweige;
Es tanzte froh im Wind, doch bald
Sein Leben ging zur Neige.

Ein kleines, grünes Blättchen war's;
Wer singt von seinem Werthe?
Der Regen tränkt's, die Sonn' beschien's
Dann fiel es hin zur Erde

Ein kleines, grünes Blättchen war's,
Begrüßt vom Vogelsange;
Geliebt vom Wind, doch war's bestimmt
Zum schnellen Untergange.

Ein grünes Blättchen war's, doch hat
Es ird'sche Freud' beglücket;
Drum hat's die Erde auch zum Schluß
Sanft an ihr Herz gedrücket.

Ein Ungläubiger.

Was macht man mit dem Bösewicht?
Sie rathen hin und her;
Der Schlimmste ist er auf der Welt,
Wenn wahr die Christenlehr'!

Verlacht hat er stets Adams Fall.
„Sagt, gläubiges Geschlecht,
Wer gab in meinem Namen doch
Zu sünd'gen ihm das Recht?"

Er sollte Buße thun, doch er
Sanft und gelassen sprach:
„Die Menschen liebe ich und thu'
Mein Bestes jeden Tag!"

Sie sprachen vom Versöhnungstod
Des Heilands, und so fort.
„Man macht mich wahrlich besser nicht
Durch eines Edlen Mord!"

Es trügen Sinne und Vernunft,
'S ist Alles Lug und Trug!"
„Und trügt mein Aug', riß ich es auch,
So handelt' ich nicht klug!"

„Zur Hölle", ungeduldig sie
Nun sprachen, „gehst du ein!"
„Wohin Vernunft und Pflicht mich führt
Folg' gern ich hintendrein!

Es trügt manch' Buch; vom Schöpfer seh'
Ich überall die Spur;
Sein Wille herrscht in jeder Brust,
Und rings in der Natur.

Wenn nur ein Licht- und Liebesreich
Zu gründen mir gelingt,
Dann fürchte ich die Zukunft nicht;
Nichts Böses sie mir bringt."

Was ist zu thun? Sie wissen's nicht.
Ein jedes Kind ihn kannt',
Und wenn's ihn auf der Straße sah
Küßt' schnell es ihm die Hand.

Nie ohne reiche Hilfe er
Verließ der Armuth Haus,
Mit offnen Händen streut: er
Stets seine Gaben aus.

Und einer sprach: „Und ist er auch,
So wie man sagt, kein Christ:
Wer seinen Nächsten liebt, fürwahr
Noch lang kein Sünder ist!"

Theodore Tilton.

Fritz Ottokar's Jagdgefährte.

Eine schwäbische Geschichte.

Wo bleibt mein Jagdgefährte?
Schon ist die Sonne nah;
Noch einmal will ich blasen —
Trara! Trara! Trara!

Er war doch sonst der Erste,
Sobald zur Jagd es ging;
Mit ihm im Morgenrothe
Oft manchen Hirsch ich fing.

Er war der beste Schütze
Weithin im ganzen Land,
Und treu're Pfeile Niemand
Der Armbrust je entsandt'.

Warum gibt er nicht Antwort?
Kein Laut von ihm erklingt;
Den Ton nur meines Jagdhorns
Zurück das Echo bringt.

Wenn sonst ich blies am Morgen
Konnt' er nicht länger ruh'n
Heut' ist er still, verfehlet
Den besten Jagdtag nun.

Es führt der Frost die Heerde
Heut' Morgen auf das Eis,
Wo sie aus Löchern trinket
Und unser ist der Preis.

Und solche Zeit zum Jagen
Kommt nicht in Jahr und Tag;
Was nur den Jagdgenossen
Bezaubert haben mag?

Jetzt weiß ich's -- gestern führt' er
Sein Bräutchen zum Altar;
Sie hält ihn nun gefangen
In ihrem Lockenhaar

Sonst war er stets im Walde,
Wie auch der Sturmwind braust';
Mit einer Turteltaube
Im Käfig er nun haust.

Jetzt ist er ein gefang'ner,
Gefang'ner, armer Mann;
Der Stärkste Frauenbande
Niemals zerreißen kann.

Der Mann verliert die Freiheit,
Kommt er den Frauen nah;
Doch horch! es tönt sein Jagdhorn —
Trara! Trara! Trara!

Bret Harte.

A Greyport Romance.

Durch die Straßen von Greyport im Sturmschritt es ging,
Am Bord der Schiffe da machten sie Halt;
Und der Nebel, der über dem Meere rings hing
War nicht so weiß und wie sie nicht so kalt.
„He, Starbuck, Pinkney, zur Rettung herbei,
Die Boote schickt nach der unteren Bai!"
Aus Tausend Kehlen der Aufruf erschallt.

Ein Schiff, das am faulenden Piere still lag,
Macht' plötzlich von Anker und Ketten sich frei;
Drauf spielten die Kinder am sonnigen Tag,
Und füllten die Lüfte mit Freudengeschrei.
Kein Ohr, kein Auge zum Schiffe drang hin, —
Es waren dreizehen Kinder darin —
Und bald verschwand's in der unteren Bai.

„Vor der nächsten Flut, da wird es nicht flott,"
So klagt er, „der Himmel schaff' Hilfe herbei!"
„Sei's hoch auf dem Meere, sei's oben bei Gott,
Mich höret mein Kind, wo immer es sei!"
Und schaudernd standen die Leute umher,
Und schnell wie der Vogel hoch über dem Meer
Ertönte des Weibes verzweifelnder Schrei.

Im Nebel ein Boot nach dem andern verschwand,
Und Herzen und Ruder, die hörte man nur;
Verhüllt war der Himmel, verhüllt war das Land,
Und es wehte der Wind von der Niederung Flur,
Ueber Felsen, Wiesen und duftigen Klee,
Hinüber zur rauhen und düsteren See;
Doch von den Kindern war keine Spur.

Sie kamen nicht mehr. Wenn die Nebelschicht dick
Verschleiert das Meer ihr Abschiedsruf klingt;
Still lauschet der Fischer, er hört es zum Glück,
Und schnell sein Boot er in Sicherheit bringt.
Der Kinder Spiel hört er im sicheren Port

Und sieht wie das Geisterschiff leise sich fort
Zur See von Welle zu Welle sich schwingt.

Dies ist der Bericht wie ihn Schiffer verstehn;
Er ist dem Dichter vielleicht von Gewinn
Wenn einst wir am Ufer des Alters uns sehn
Und Zweifel verwirren uns Herzen und Sinn,
Dann hören wir leise vom dunkeln Port,
Die Stimmen Derer, die vor uns schon fort;
Sie ziehen die Seele zum Ankerplatz hin.

Clinton Scollard.

Herbstlied.

Die Luft ist lau; durch welken Schmuck
Des Baums und Strauches rauscht dein Fuß;
Dem Walde lächelt und der Au
Der Sommer seinen Abschiedsgruß.

Das Bächlein ruht im Teiche aus,
Dem moosumrankten, in dem Thal;
Die schnelle Wasserspinne tanzt
Dort mit dem goldnen Sonnenstrahl.

Und Alles ungesehn ein Geist
Mit eis'gem Athem grimm bedroht;
Der stille Frieden, der hier weilt,
Ist nur die Ruhe vor dem Tod.

Ella Wheeler.

Altes und Neues.

Die Dichter loben stets die alten Zeiten
Die alte Freundschaft und den alten Wein,
Laßt sich an diesen Themen abarbeiten
Wer Lust hat; doch das Neue nenn' ich mein.

Ein neuer Freund, sobald der alte schwächlich
Und in dem trübsten Augenblick nichts nützt;
Willst auf dem Schiff verderben, das zerbrechlich,
Und hoffen, daß ein schwaches Kind dich schützt?

Gebt mir ein neues, warmes Lieb zu kosen,
Wenn's alte Schönheit, Reiz und Anmuth fliehn,
Und es dahin welkt, wie des Frühlings Rosen
Und es erlöscht, wie's Feuer im Kamin.

Gebt neue Zeiten mir mit Glück und Freude
Statt längst vergangner Tage, thränenvoll:
Ich glaube, daß das sonnenreiche Heute
Der Dichter preisen und besingen soll.

Der alte Glaube ist längst fadenscheinig
Und allzuenge für ein weites Herz;
Gebt mir den neuen, der die Menschen einig
In Glück und Freude führet himmelwärts.

Nora Perry.

Jugend und Alter.

Die Stunden, sprach das Eine,
Langsam von hinnen schleichen.
Die Jahre, seufzt' das Andre,
Wie schnell sie doch verstreichen.

Wie herrlich, sang das Eine,
Sind doch der Jugend Tage.
Wie kurz, wie kurz, ertönte
Des Andern düst're Klage.

Im frischen Schmuck der Schönheit,
Im heit'ren Jugendglücke
Empor das Eine richtet
Vertrauensvoll die Blicke.

Es ließ zurück das Andre
Den Kopf, den milden, gleiten,
Bestrahlt vom Abendrothe
Entschwundner schöner Zeiten.

Edith M. Thomas.

Schicksal.

„Fürst Oleg," sprach einst ein Prophet,
„Sei kurz, sei lang dein Erdenleben,
Dein treues Pferd, das dorten steht,
Das wird dereinst den Tod dir geben."

„Mein Pferd," drauf Oleg wüthend sprach,
„Es ist das treuste auf der Erde,
Ich spare ihm der Zukunft Schmach;"
Und dann durchstach er's mit dem Schwerte.

Zum Grabe kam nach manchem Jahr
Der Fürst zu später Tagesstunde;
Ein gift'ger Wurm im Schädel war,
Der brachte ihm die Todeswunde.

James B. Kenyon.

Abendlied.

Still auf die müde Welt senkt sich die stille Nacht,
Im West erstirbt das Licht, das uns der Ost gebracht;
Der Vogel länger nicht im heitern Aether weilt,
Und sehnend sich nach Schutz, zum trauten Nest er eilt.

Klag' nicht, ermüdet Herz, zum Himmel blick' auf du,
Der Abend bringt auch dir die längst ersehnte Ruh!

Allmälig in die Höh' der feuchte Nebel steigt,
Der goldne Abendstern am Horizont sich zeigt;
Der Bäume Schatten wächst und strebt durch's ganze Land,
Bis er dem Aug' erstirbt; ein Tag schon wieder schwand.
Klag' nicht, ermüdet Herz, zum Himmel blicke du,
Bald bringt ein Abend dir, die längst ersehnte Ruh'!

Edgar Fawcett.

Der Misanthrop.

Sein Hüttchen steht seit langer Zeit
Tief in der Waldeseinsamkeit.

Mit Haß erfüllte, wie es heißt,
Verschmähte Liebe seinen Geist.

Beständig in ein Buch er blickt,
Deß düst'rer Inhalt ihn erquickt.

Bleich von Gesicht, hoch von Statur,
Flucht er der Menschenkreatur.

An seiner Hütte saust vorbei

Ihm schaudert's, wenn er nahen hört
Den Lärm, der seine Stille stört.

Doch nicht der Lärm ist ihm verhaßt,
Auch nicht des Bahnzugs rother Glast;

Nur der Gedanke thut ihm weh,
Daß Menschenherzen in der Näh'.

Daß eines hin zum andern eilt,
Und Glück und Friede mit ihm theilt

Zum Hohn und Spott auf ihn allein,
Deß Herz einst warm, nun todt wie Stein.

John Boyle O'Reilly.

Der beste Köder.

Einst den Teufel fragt ein Frommer:
Welchen Köder muß man wählen,
Um gewiß Erfolg zu haben
Bei dem Fang der Menschenseelen?

Gold und Ruhm, erwidert dieser,
Sind stets wirkungsvolle Gaben,
Und es ist dafür die Jungfrau
Und der Jüngling leicht zu haben.

Doch am sichersten als Köder
Bei den Männern wirkt noch immer,
Bei den jungen und den alten,
Ein bezaubernd Frauenzimmer.

Zwei kanadische Lieder.

Nach dem Französischen.

1.
Rose und Gärtner.

Die Rose im Frühling der Knospe entsprang;
„Graubärtiger Gärtner, du lebst nicht mehr lang."

Im Juli entfaltet sie blendende Pracht;
„Dein Grab wird morgen, o Gärtner, gemacht."

Kühl wehte der Nachtwind; am folgenden Tag
Zerstreut auf dem Boden der Blätterschmuck lag.

Und es hat der Gärtner mit eisgrauem Bart
Den Stolz der Rose mit dem Spaten verscharrt.

Und ich singe von Freude und singe von Leid,
Von der Rose — der Schönheit; von dem Gärtner — der Zeit.

2.

Der entflohene Vogel.

O, geai!
Jamais je nourrirai de geai,
De geai jamais je nourrirai.

Mein Vogel sieben Jahre lang
Im Käfig munter hüpft' und sprang.

Und als die sieben Jahr vorbei,
Da machte sich der Vogel frei.

„Ich fliege nach Paris nun fort,
Gründ' eine Mädchenschule dort.

Und jedes Mädchen hält's für Pflicht
Zu lauschen meinem Unterricht.

Das schönste such' ich mir heraus,
Und schick' die andern schnell nach Haus."

Zweites Buch.

Fremdes und Eigenes.

Huitain.

Nach dem Französischen des Mellin de Saint Gelais.

Fliegt hin ihr Seufzer, meiner Seele Athem
Die ihr allein den Grund des Leides wißt;
Fliegt hin zum Himmel, wartet dorten meiner,
Wenn die Geliebte schnöde mich vergißt.

Doch wenn ihr schwarzes Auge Hoffnung leuchtet,
Und wenn erregt die stolzerfüllte Brust,
Dann kommt und bringt mir meine Seele wieder,
Zum Sterben hab' alsdann ich keine Lust.

Abschied.

(Chinesisch.)

Sie sagt: Der Hahn schreit doch?
Er sagt: Nacht ist es noch.

Sie sagt: Der Tag anbricht!
Er sagt: O nein, mein Licht!

Sie sagt: Steh' auf und schau',
Ist nicht der Himmel grau?

Er sagt: Der Morgenstern
Zeigt sich nur in der Fern'.

Er sagt: Dann schnelle geh',
Das Scheiden bringt mir Weh.

Dem Hahn gib einen Schlag,
Er bracht' zu früh den Tag!

Kindessinn.
Aus dem Schwedischen.

Froh klein Lischen sprach, als es
Blickt' zum Heer' der Sterne:
„Gott aus tausend Augen blickt
Nieder aus der Ferne!

Doch der Gott der Liebe weilt
Auch in nächster Nähe,
Denn in meiner Mutter Aug'
Stündlich ich ihn sehe!"

Rosen auf dem Grabe.
Nach dem Schwedischen.

Zwischen Kirchhofsmonumenten Thekla
Eines Abends ging mit frischen Rosen,
Sie auf ihres Bruders Grab zu legen
Als ein schwaches Zeichen stiller Trauer;
Als sie leise kam zum grünen Hügel,
Der da barg die Asche des Verstorb'nen,

Sank sie andachtsvoll auf ihre Kniee,
Und Gebete schickte sie zum Himmel.
Und indem sie zum Allmächt'gen flehte
Netzt ihr Sammetkleid ein Strom von Thränen,
Und dann senkt des Trostes sanfter Engel
Seine Labung in das Herz der Jungfrau.

Dicht dabei sie sah ein neues Grabmal:
Ueber dieses Grab ein blasses Mädchen
Bückte sich gleich frosterstarrter Lilie.
Gram- und trauervolle Seelen finden
Leicht bei andern süße, treue Freundschaft.
Und, ihr eignes Weh vergessend, Thekla
Eilte strauchelnd hin zur Leidensschwester,
Und umarmte sie. Dann sprach sie leise:
„Schwester, sage mir, weshalb du trauerst?"
Stumm sie zeigte auf ihr Herz als Antwort.
„Warum bist du thränenlos, o Schwester?"
Auf die Augen zeigte sie als Antwort:
„Warum legst auf's Grab du keine Rosen,
Willst du wohl die Hälfte meiner haben?"
Und sie deutet stumm und traurig lächelnd
Auf die Wangen, blaß und eingefallen.
Und dann sprach sie in gebroch'nem Tone:
„Hab' ich Rosen nicht auf's Grab geleget?"
Weinend fiel ihr Thekla in die Arme,
Und kein Sterbenswort sie weiter fragte.

Ein fahrendes Blatt.

Nach dem Französischen.

Gepflückt vom schwachen Stiel,
Der muntren Winde Spiel,
Wo fährst du, Blättchen, hin?
Ich segle auf und nieder,
Gar leicht ist mein Gefieder,
Doch leichter ist mein Sinn.

Unstät ist meine Bahn,
Doch ficht's mich wenig an,
Wohin der Sturm mich schickt;
Ich habe theil am Loose
Des Lorbeer's und der Rose,
Womit man Dichter schmückt.

Ständchen.

Nach dem Spanischen.

Sterne der Sommernacht,
Die ihr vom Himmel lacht,
Berget die gold'ne Pracht, —
Sie schläft!

Luna der Sommernacht,
Segle nach Westen sacht'
Hin mit der Silberfracht, —
Sie schläft!

Winde der Sommernacht,
Weht nicht mit Unbedacht,
Habt auf ihr Fenster Acht, —
Sie schläft!

Träume der Sommernacht,
Sagt ihr, der Liebste wacht,
Während in Morpheus' Macht
Sie schläft!

Italienisches Volkslied.

Spazieren ging ich eines Tags
Am Meeresstrand,
Und denkt nur, ich verlor allda
Mein Herz im Sand.

Ich fragte alle Schiffer dann
Von fern und nah;
Und jeder sprach, in deiner Brust
Er's deutlich sah.

Ich hab' kein Herz, du hast jetzt zwei,
Was ist zu thun?
Behalte meins und gib mir deins,
Was sagst du nun?

Lied eines fahrenden Ritters.
Nach dem Spanischen.

Mein Schmuck sind Waffen und Rüstung,
Mein Zeitvertreib ist der Krieg;
Als Lampe leuchtet ein Stern mir,
Wenn auf feuchter Erde ich lieg'.

Meine Reisen sind lang, doch kurz ist
Mein Schlaf, weil ich deiner stets denk';
Ich wand're von Hügel zu Hügel
Und küsse dein liebes Geschenk.

Von Meer zu Meer trägt ein Schiff mich,
Von Land zu Land mich ein Pferd;
Eines Tages wird das Glück doch mir hold sein,
Eines Nachts dich küssen ich werd'!

Huitain.
Nach dem Französischen des Clemens Marot.

Ich bin nicht mehr, was ich einst war,
Und Gram vergrößert nur mein Leid;
Der Jugend Glück, der Jugend Kraft
Sank in das neid'sche Grab der Zeit.

Ja, ich war fromm! Mich hat zumeist
Des Gottes Amor Dienst ergötzt;
Wär' ich noch jung, ich glaube fast
Ich wäre noch viel frömmer jetzt.

Der Jugend.
Nach dem Italienischen.

Das Schlachtenroß, den Tod verachtend, eilet
Zum blut'gen Feld mit ungestümer Wuth,
Doch wenn es ungezäumt im Grase weilet,
Verliert's den Feuerblick und stolzen Muth.

Krystallen blickt der Bach, vom Berge gleitend,
Und nimmt der Oreaden Formen auf,
Doch träge durch das sumpf'ge Thal hinschreitend,
Trübt bald verhaßtes Unkraut seinen Lauf.

Das Schiff mit stolzem Mast durch Sturm und Wetter
Hin auf dem unheilschwang'ren Weltmeer fährt,
Doch, träg' im Hafen, faulen seine Bretter,
Sein Segeltuch gefräß'ge Motten nährt.

Der Jugend Muth laß nimmer dir umgarnen
Durch schlaffe Ruhe, die den Geist erdrückt;
Laß dich vor ihr, wie vor dem Schlimmsten, warnen,
Ein Lorbeer nie sonst deine Stirne schmückt.

Auf dem Tejo.
Nach dem Portugiesischen.

Dem Mond entströmt auf seinem Wolkenpfade
Ein schwacher Strahl in dieser Schreckensnacht;
Die hohen Wellen thürmen sich mit Macht
Und schlagen wild an's düstere Gestade.

In Wellentobsucht wird kein Kahn sich wagen;
Die Schiffer ruh'n; sag' einz'ge Laura, mir,
Wer freut jetzt deines Blicks sich, wo ich hier
Verzweifle? Du, mein Leben, darf ich fragen?

Wie ich so rief in tiefstem Herzeleide
Sah ich mich um, o denkt doch, Laura saß
Als Freudensbotin dicht an meiner Seite.

Des Tejo Sturmeswüthen ich vergaß,
Und sicher fuhr mein Kahn durch's grause Wehen;
Nie hab' ich solche schöne Nacht gesehen!

Lied.
Nach dem Portugiesischen des Gil Vicente.

Wach' auf, wenn du noch schlummerst, Schatz,
Schon lacht der Morgenstrahl.
Mach auf die Thür'
Und folge mir
Durch Wiesen, Berg und Thal.

Mit nackten Füßen komm', hast du
Die Schuh' nicht gleich bereit;
Es führt der Paß
Durch nasses Gras
Und Flüsse, tief und breit.

Valladolid.
Nach dem Spanischen.

Mit frischem, frohem Herz ich zog von Burgos nach
Valladolid;
Doch heute war zu langsam mir mein schnellstes Pferd,
auf dem ich ritt.

Ein Pilger mir entgegen kam, gar alt und grau und
schwach er war;
„Die Dame, die du suchst," er sprach: „sah heut' ich auf
der Todtenbahr'.

Die Ritterschaar im Waffenschmuck, und Edeldamen, jung
und schön,
Sah weinend ich um dich und sie in ihrem Leichenzuge
gehn."

Als er dies sprach, da sank ich hin, daß fast wie todt im
Staub ich lag,
Ich glaubte, daß mein Herze bräch', und weinte laut den
halben Tag.

Am Abend stand ich wieder auf, bestieg mein schnelles
    Pferd und ritt,
So rasch es laufen konnte, durch die Eb'ne nach Valladolid.

Und bald war auf dem Kirchhof ich und klagte laut an
    ihrem Grab:
„Die Hoffnung floh, mein Lieb ist hin; o nimm mich doch
    zu dir hinab!"

Und eine süße Stimme klang aus tiefer Gruft zu mir
    herauf:
„Steh' auf, steh' auf! dein Klagen hör' ich wohl, Geliebter;
    stehe auf!

Verlasse diesen düstern Platz, denn du vergrößerst meine
    Pein;
In Waffenwerk und Liebe wird Gott sicher Gnade dir
    verleih'n.

Obgleich im Grab mein Bette ist, in Liebe dein mein
    Herze denkt;
Geh', daß ich ruhe, und ich fleh' zu Gott, daß er dir
    Friede schenkt!"

Fragen.
Portugiesisches Lied.

Schön ist von Wuchs sie und Gesicht,
Und Treu aus ihren Augen spricht.

Sag', Schiffer, der du auf dem Meer
Hinsegelst spät und früh,
Ob Segel, Boot, ob Abendstern
Nur halb so schön wie sie?

O Held im Waffenschmucke, dich
Der Frage unterzieh',
Ob Schwert, ob Pferd, ob Schlachtgewühl
Nur halb so schön wie sie?

Sag', Hirt, der unterm kühlen Baum
Der Schafe wacht allhie,
Ob Heerde, Thal, ob Bergeshöh'
Nur halb so schön wie sie?

Epigramme.

1.
Halte den Mann nicht für alt, weil kahl bis zum Halse sein Schädel,
Zeigt doch auch wallendes Haar Frauenjugend nicht an.

2.
Reichthum häufet auf Reichthum der unersättliche Geizhals,
Doch er genießet ihn nur wie der Eunuche ein Weib.

3.
Sieh' den verachteten Stein; er bettelt nicht, haßt nicht und liebt nicht,

Und es kümmert ihn nicht fremder Menschen Geschick.
Betest du, höret er nicht zu und ist deshalb zu verwundern,
Daß man von jeher daraus göttliche Bilder gemacht?

4.

Wie der Rauch in der Luft sich stets bewegt nach dem Winde,
Also richtet das Recht sich nach der herrschenden Macht.

5.

Singet ein Loblied dem Wein, der Wunden und Sorgen
vertreibet
Und zur Ruhe des Grabes schneller als Wasser uns führt.

6.

Weshalb trägst Du zur Schau den giftigen Neid und den
Aerger?
Für ein langes Gesicht ist doch das Leben zu kurz!

7.

Tief zur Erde hin neigt der fruchtbeladene Baum sich,
Nur das leere Gezweig raget zum Himmel empor.
Still und niedergebückt der Weise bescheiden dahingeht,
Aber erhobenen Haupt's schreitet der Dummkopf einher!

8.

Wie doch so heilig und ernst der Pfarrer am Sonntage
predigt,
Aber am Werktag befolgt seine Ermahnung er nie.
Heuchler nennest du ihn mit Unrecht; es zeigt uns ein
Lahmer
Mit der Krücke den Weg ohne ihn selber zu gehn.

9.

Harmloser Menschen Vertrau'n zu täuschen, das nennest du Klugheit;
Ist es wohl männlicher Muth Einen zu tödten, der schläft?

10.

Halte die Menschen für Narr'n und säe den Samen der Dummheit,
Ausgedehnt ist das Feld, das zur Verfügung dir steht.
Folge niemals dem Drang des Herzens, die Welt zu veredeln,
Denn man reißt dir den Grund unter den Füßen hinweg.

11.

Wer dem Bösewicht Gutes erweiset, der pflügt in den Lüften,
Malt auf das Weltmeer ein Bild, wäschet mit Wasser den Wind.

12

Sei vernichtet der Feind, durch Milde es immer geschehe,
Wie im Winter der Schnee Blumen des Herbstes begräbt.

13.

Besser zischende Schlangen als zankende Frau'n zur Gesellschaft;
Erstere haben im Zahn, letztere überall Gift

14.

Jeder rühmt sich als Held, so lang er kein Schlachtfeld gesehen.

Dieses Vergnügen ihm gönnt; späterhin könnt' er's nicht
mehr.

15.

Weder Musik noch Dichtkunst du pflegest, noch sonstige
Künste;
Folgerecht esse nun auch Gras, wie ein anderes Vieh.

16.

Durch Entsagung der Hoffnung Nirwana leicht man
erringet;
Dieser Seligkeit bringt täglich uns näher die Welt.

17.

Niemals ändert der Mensch den angebor'nen Charakter;
Einen Hundeschwanz machst kerzengerade du nie.

18.

Ach, ich würde so gern die Tugend der Dankbarkeit üben,
Gäbe die Welt mir dazu mehr Veranlassung nur.

Indische Spruchweisheit.

1.

Nachtigallen und Drosseln in Wäldern und rosigen Gärten,
Die ihr mit Liedern uns labt: wohnet in Käfigen nun!
Also belohnet der Mensch begeisterte Sänger der Freiheit,

Ungehinderten Flug läßt man dem piependen Spatz.
Aehnlich schmachtet der Weise in Fesseln gelehrter Systeme
Während gewöhnliches Volk Leben und Freiheit genießt.

2.

In der Tiefe verbirgt das Meer die köstliche Perle,
Aber gaukelnd zur Schau werthlose Pflanzen es trägt.

3.

Ein zufriedenes Weib, ein fleißiges, treues, geschicktes,
Ist und bleibet des Glücks wahrhafte Göttin allein.

4.

Seht, wie die liebliche Maid am häßlichen Gatten sich freuet!
Duftet die Blume nicht auch, wenn sie ein Schurke begießt?

5.

Buße reinigt von Mord, selbst wenn an Brahmanen begangen;
Eines Freundes Verrath sühnet kein irdisches Thun.

6.

Seht dort den stattlichen Mann und hört, wie so weise er redet,
Sagt dann, wie's kommt, daß sein Herz niedre Gedanken bewegt.
Freund, die Antwort ist leicht, — das wohlgedüngte Gefilde
Schneller als mageres Land Dornen und Disteln erzeugt.

7.

Ach, das Unglück verfolgt auf Wegen und Stegen mich ewig;
Würde ich Waschfrau, es ging nackend mir Jeder zu Trotz.

8.

Vier der Mittel erschuf einst Gott zur Besiegung der Feinde,
Wie man die Weiber bezwingt hat er zu sagen versäumt.

9.

Wissen, das schönste Juwel, es ist das beste Vermögen,
Weder Verwandter noch Dieb dir es zu rauben vermag.
Weniger nimmer es wird und wärst du der größte Verschwender,
Der die Andern damit täglich und reichlich beschenkt'.

10.

Saget, weshalb doch das Geld so manches Unglück verschuldet?
Ach, weil so selten, ja nie Schutz bei den Guten es sucht.

11.

Männer denken an Geld, und Jünglinge denken an Liebe,
Greise an baldigen Tod, Arme an Alles zugleich.

12

Wer gesammelte Schätze dem Menschenfreund zur Verwaltung
Gab, der machte davon sicher den besten Gebrauch.

13.

Der hat Alles gehört, gesehn, vollbracht und gelesen,
Welcher mit ruhigem Muth jeglicher Hoffnung entsagt.

14.

Kahl ist das alternde Haupt, und zahnlos der trockene Mund ist,
Und von Unrath und Schmutz strotzet der schlotternde Leib;
Almosen füllen den Bauch, jedoch das Schlimmste von Allem
Ist, daß dem Herzen noch nicht Sehnsucht nach Liebe erstarb.

15.

Wo man den Thoren nicht ehrt, wo die Früchte des Feldes gedeihen,
Und die Hausfrau nicht zankt, wohnet die Göttin des Glücks.

16.

Heisere singen, es dichten die Narren, nach Sinnengenüssen
Greisen gelüstert's; es wird närrischer täglich die Welt.

17.

Orden und Titel verachte; die wirksamste Ehrenbezeugung
Ist und bleibet allein: Pfaffen-Verfolgung und -Haß.

18.

Wenn du beim Tadel verstummst, bei fremden Weibern erblindest,
Vor dem Raubmord erlahmst, Alles dereinst du besiegst.

19.

Hitze entstrahlet dem Mond und süß wird das wogende Weltmeer,
Daß die Frauen nun treu, das bezweifle nicht mehr.

20.

Willst du die Menschheit befrei'n von Aberglauben, so wisse:
Dummen und Frommen ergeht's gut auf der Welt nur allein.

21.

Was zur Ernährung des Bauchs dir dienet, das nenne dein eigen;
Jeder, der mehr noch verlangt, werde als Räuber bestraft.

22.

Wer sein Geld nicht genießt, noch spendet, besitzet nicht Reichthum,
Und dem Strohmann er gleicht, schützend für Andre das Korn.

23.

Schöne Gedichte er macht, und ist doch der Häßlichkeit Ausbund;
Uebelriechender Mist duftende Blumen erzeugt.

24.

Krümme den Rücken; man haut die graden Bäume im Walde
Nieder vor Allen, und läßt krumme hingegen am Platz.

25.

Nie wirst ein loderes Weib durch stete Bewachung du zügeln;
Hieltest jemals den Wind mit den Armen du fest?

26.

Redet die Zunge nichts Schönes, so ist sie ein fleischiger Fetzen,
Den man aus Furcht vor dem Wolf zwischen die Zähne gesteckt.

27.

Daß die Menschen die Wahrheit verachten, das find' ich natürlich;
Schweine verachten das Gold, Eulen das sonnige Licht.

28.

Werke der Dichter und Denker der Schwätzer beharrlich begeifert;
Wie doch ein zahnloser Hund markige Knochen benagt!

29.

Unbefriedigte Wünsche verursachen heftige Schmerzen,
Besserer Einsicht zum Trotz weiter sie leben im Herz.

30.

Reiher mit scharfem Gesicht und schnell beweglichen Krallen
Fassen den harmlosen Frosch, wenn sie sich schlau ihm genaht.
Aber der lästernde Feind erdrückt den edelsten Menschen,
Stände verborgen sein Haus auch an dem Ende der Welt.

Thanatopsis.

Als erbarmungsloser Pred'ger steht der Tod im Weltenall,
Sarg und Grab sind seine Kanzeln, seiner mächt'gen Stimme Schall
Kann kein Herze sich verschließen; ewig ohne Rast und Ruh
Ruft er ringsum tausendstimmig dir „memento mori" zu.

Jeder Mensch ist ein Antäus, von der Erde Mutterherz
Nimmt er Kraft zum Daseinskampfe, Heilung für des Lebens Schmerz.
Alles lebt und webt im Kreise, Neues ward noch nie gesehen,
Und ein ehernes Gesetze heißt: Entstehen und Vergehen.

Blick' hinauf zu den Gestirnen: eines kommt, das and're geht;
Blick' zur Erde: ganze Völker werden dort zu Staub verweht.
Darum wisse, wie's auch immer deine Eigenlieb' verletz',
Dir allein zur Liebe ändert niemals sich ein Weltgesetz.

Zu dem Staub, dem du entnommen, kehrest du dereinst zurück,
Und in Erde wird verwandelt all' dein Leiden und dein Glück;

Und es senkt hinab die Blume ihre Wurzeln bis zu dir,
Daß aus deinem Staub sie sauge holden Duft und Blüthenzier.

Einmal kommt auch deine Stunde, kommt wohl wie ein Dieb der Nacht,
Kommt wohl wie der Blitz des Himmels plötzlich in den Eichen kracht,
Kommt wohl wie der Docht erlischet, dem's zuletzt an Oel gebricht,
Kommt wohl heimlich wie der Schlange giftgetränkter Zahn dich sticht.

Kommt sie, wenn du heiter wandelnd auf des Glücks und Ruhmes Höh'n
Gern zum Augenblicke sprächest: Weile doch, du bist so schön?
Kommt sie, wenn als Greis du schlotterst, matt durch's ird'sche Jammerthal?
Laß die Fragen! Eines weißt du; eines nur — sie kommt einmal.

Auf dem letzten Lager liegst du einstmals bleich, erstarrt und kalt,
Und du weißst nicht, wer dann trauernd mit dir hin zur Grube wallt;
An den Leuten auf der Straße trägt man deinen Sarg vorbei,
Und der Eine fragt den Andern, wer denn da gestorben sei.

Und von dir ist dann die Rede. Wenig sagt ein theurer Sarg;
Auch ein prächt'ges Marmor-Denkmal ist an Liebesworten karg;
Und was auch an deinem Grabe der bezahlte Priester spricht,
Es verhallet in dem Winde, starbst du einem Herzen nicht!

Aus dem Orient.

1.

Wenn du tausend Freunde hast,
Hast du keinen zu verlieren;
Hast du aber einen Feind,
Wirst du überall ihn spüren.

2.

Seine Zunge brauche, wer
Nichts mit seinen Händen schafft;
Deßhalb ist der Fuchs so schlau,
Weil's ihm fehlt an Körperkraft.

3.

Willst du froh durch's Leben schreiten,
Ohne Kummer, ohne Streiten,
Willst du ohne Sorgen sein,
Mußt du zwei der Dinge meiden.

Erstens: nimm dir nie ein Weib;
Hast du eins, laß schnell dich scheiden.
Ist sie schön, dann denkt sie nur,
Wie sich recht kokett zu kleiden;
Ist sie reich, dann wird sie oft
Bitt're Kränkung dir bereiten;
Ist sie häßlich, kannst du dich
Nicht an ihrem Anblick weiden;
Ist sie dumm, wird dich um sie
Selbst der Teufel nicht beneiden;
Sei die Ehe, wie sie will,
Eine Frau schafft immer Leiden.
Zweitens, leihe niemals Geld,
Wenn auch gleich von allen Seiten
Freunde dir gefällig sind,
Und es heißt für Ewigkeiten,
Ohne Schuldschein, ohne Zins,
Ohne alle Sicherheiten,
Kannst du haben, was du willst.
In nicht allzufernen Zeiten
Sprichst du sicherlich nicht hoch
Von der Freunde heil'gen Eiden.
Darum merke: sollen dich
Niemals Noth und Gram begleiten,
Bleibe stets gewissenhaft
Ferne von genannten Beiden;
Niemals wird an deinem Blick
Schadenfroh ein Feind sich weiden

Knappe und Ritter.

Nach dem Holländischen.

Es zogen Knapp' und Rittersmann
Einst einen steilen Berg hinan:

„Besteige diesen Baum sogleich,
Und hol' das Täubchen von dem Zweig!"

„Zu schwach, so scheint's, ist dieser Baum,
Ich glaube, Herr, er trägt mich kaum."

Kein Wort der Ritter sprach darauf
Und klettert' selbst den Baum hinauf.

„Mein Meister tödtlich fiel verletzt,
Wer zahlet meinen Lohn mir jetzt?"

„Es wird dein Lohn dir nicht entgeh'n,
Im Stalle Pferd' und Wagen steh'n."

„Was Wagen und was Pferde, nein!
Ich will dein jüngstes Töchterlein!" — —

Der Knapp' als Ritter thront im Schloß,
Und jagt zu Pferd mit stolzem Troß.

Der Müller von Gosport.

Nach dem Englischen.

....

Der Müller von Gosport, schon lange ist's her,
Der hatte drei Söhne, die liebte er sehr;
Er rief sie einst zu sich und trauernd er sprach:
„Ich sterbe, bei Gott, noch am heutigen Tag!"

Dann sprach er zum ältesten Sohne gewandt:
„Ich will dir die Mühle mit zitternder Hand
Verschreiben zum Erbe; doch bin ich kein Thor —
Was hältst du vom Moltern? Das sag' mir zuvor!"

„Aus jeglichem Sack mit Getreide beschwert
Eine Hand voll nur ist's, was mein Herze begehrt;
Und hab' ich's gemahlen, dann nehme ich auch
Eine weitere Handvoll, das ist so mein Brauch!"

„O Dummkopf!" der Alte gar wüthend nun schrie,
„Ein tüchtiger Müller wirst du nimmer und nie;
Gäb' ich dir die Mühle, o Jammergeschrei,
Bald wär's mit dem ganzen Geschäfte vorbei!

Dann rief er an's Bette den andern Sohn,
Und seufzte: „Das Ende, ach, nahet mir schon,
Die Mühle ist dein, aber sag mir zuvor,
Was hältst du vom Moltern? Du bist doch kein Thor!"

„Aus jeglichem Sack, mit Getreide beschwert,
Die Hälfte nur ist's, die mein Herze begehrt;
Und ist es gemahlen, dann nehme ich auch
Noch einmal die Hälfte, das ist so mein Brauch!"

Da drehte der Alte sich mürrisch herum:
„Zum Müller," er schrie, „bist du wahrlich zu dumm,
Gäb' ich dir die Mühle, o Jammergeschrei,
Bald wär's mit dem ganzen Geschäfte vorbei!"

Da rief er den Jüngsten und sprach: „O, mein Sohn,
Mache schnelle, es nahet das Ende mir schon,
Die Mühle sei dein, aber sag' mir zuvor,
Was hältst du vom Moltern? Du bist doch kein Thor!"

„Das Moltern hat immer mir Freude gemacht,
Hab' stets nur beim Mahlen an's Moltern gedacht,
Nehm' alles Getreide und stehle den Sack,
Das nenne ich Moltern nach meinem Geschmack.

„Dein Handwerk du kennst!" sprach der Alte alsdann,
„So kommt man als ehrlicher Müller voran;
Die Mühle ist dein und mein Segen dazu!"
Darauf ging er ein in die himmlische Ruh

Die Stiefmutter.

Chinesisch.

In der Näh' des Kaiserschlosses fand man einen Mann
erschlagen,

Und der Häscher Schaaren eilten um den Mörder zu erjagen.
Als der blut'gen That verdächtig, bald sie nun zwei Brüder fingen,
Die mit tiefgesenkten Blicken in des Leichnam's Nähe gingen.
Eine Wunde hatt' der Todte; Einer war mithin der Thäter,
Aber keiner von den Beiden ward am and'ren zum Ver= räther.
Jeder sprach, er sei's gewesen; hätte Beide man gehangen,
Hätte das Gericht des Kaiser's sicher einen Mord begangen.
Und man schickt' zu ihrer Mutter, um die Sache zu ent= scheiden.
„Muß dann einer sterben," sprach sie, „sterb' der jüngste von den Beiden!"
Schluchzend stottert dies die Mutter, und verwundert stutzt der Richter:
„Mütter lieben doch am meisten ihrer Kinder jüngstes" spricht er.
Dieser Umstand nun erheischte wahrlich reifliches Erwägen,
Und beschlossen wurde, jenen Fall dem Kaiser vorzulegen.
Dieser ließ die Mutter kommen. „Hätte anders ich ge= sprochen,
Hätte ich den Eid, den einst ich meinem Manne gab, ge= brochen.
Ich versprach, daß seinem ält'sten Sohn aus seiner ersten Ehe
Stets ich eine gute, brave Mutter sei in Wohl und Wehe,

Fünfzig Kronen war dein Preis,
Goldesroth und silberweiß;
Und er zahlt nach seiner Pflicht,
Sei nun glücklich oder nicht!"

„Welches Kleid soll ich nun anzieh'n?
Sagt es mir, o Mutter traut;
Ob ein weißes oder rothes,
Was geziemt sich einer Braut?

Soll das schwarze Kleid ich tragen,
Das die Schwester einst genäht?"
„Kind, du mußt nicht zu viel fragen,
Wisse: Deine Reise geht

Ueber dunkle, rauhe Wege;
Kleide schnell dich ohne Weilen,
Jener bunt geschmückte Rappe
Wird mit dir von hinnen eilen!"

2.

Nicht weit sie ritt, da tönte laut
In's Ohr ihr ein bekannter Klang;
„Ihr Glocken," seufzte weinend sie,
„Ihr läutet mir zum Grabesgang."

Am Schmerzensfee*) sah eine Schaar
Von Geistern sie im Schneegewand,
Und ihre Schattenboote trieb
Ein wilder Sturm zum Uferstrand.

---

*) Man glaubte früher, daß Frankreich von der Bretagne durch den Schmerzensfee (Lac de l'angoisse) und das Blutthal (vallée du sang) getrennt sei.

Und die Geister folgten ihr
Bis dem Blutesthal sie nah;
Wilde Schreckensformen sie
Hinter ihrem Rappen sah.

Des Bewußtseins ganz beraubt,
Leichenblaß und stumm und krank
Vor der Thüre des Baron's
Regungslos sie niedersank.

3.

„Tina, Tina, wache auf,
Setz' Dich an den Heerd so traut,
Festlich ist der Tisch gedeckt,
Alle warten auf die Braut!"

Am Kamin steht der Baron,
Schwarz ist seiner Locken Haar;
Doch sein Bart ist silberweiß,
Feuer sprüht sein Augenpaar.

„Die Maid in ihrer Jugend Zier,
Die wünschte ich schon lange mir.
Komm' her, geliebtes Mägdelein,
Mit mir durch alle Zimmer geh'
Und meinen Reichthum dir besch'!"
„Baron Janioz, ich sage nein,
In Schätzen find' ich nicht mein Glück,
Bring' nach der Mutter mich zurück!"
„Mein Keller ist mit Wein gefüllt
Trink', daß er deinen Kummer stillt."

„Viel schöner doch das Bächlein blinkt,
Wo meines Vaters Heerde trinkt."
„An Kleidern wähle, was die Stadt
Am Theuersten und Besten hat."
„Am schönsten ist ein Wollgewand,
Gemacht von meiner Mutter Hand."
„Den Gürtel nimm an Steinen schwer,
In allen Farben schillert er."
„Der Gürtel mich viel besser schmückt,
Den meine Schwester mir gestrickt."

„Jedes Wort ist rauh und kalt,
Trotz aus deinem Auge strahlt.
Der Preis für dich, er sei verflucht,
Verflucht mein Herz, das dich gesucht!
Narr, der ich war — für Alles das
Ernt' ich nur Thränen, Spott und Haß."

4.

„Vöglein ich beneide euch,
Munter seid und glücklich ihr;
Ihr durcheilt die Lüfte frei,
Und ich bin gefangen hier.
Elend wohnt in meiner Brust,
Ihr seid' voller Freud und Lust,
Fliegt nach meiner Heimat Dorf
Grüßet meine Freunde all!
Vater grüßt und Mutter grüßt,
Grüßt die Mutter tausendmal!
Sagt dem Bruder leise, leise,
Ich vergäb ihm — Glück zur Reise!"

Monde schwanden. Zur Mitternacht
Kein sterblich Aug' im Hause wacht;
Die Stille ward durch Nichts gestört
Als plötzlich an der Thür' man hört
Geheimnißvollen Trauersang.
„Vater, Mutter," leis' es klang,
Eilt zum Priester, daß geschwind,
Eine Seel' er aus Gefahr
Betend rette — euer Kind
Lieget auf der Todtenbahr!"

Aesthetische Frömmigkeit.

Vergebens heut' ertönet
Der Kirchenglocke Klang,
Zum Gotteshause führet
Mich heute nicht mein Gang.

Vertheid'gen aber will ich's
Am ewigen Gericht;
Hört: mein Gesangbuch passet
Zu meinem Kleide nicht!

Stein und Fluch.

Frei nach Longfellow.

Ich warf einen Stein in der Lüfte Reich,
Wohin er fiel, das blieb mir gleich.
Seht nur, wie hoch ein alter Mann
Einen schweren Stein noch schleudern kann.

Einen Fluch ich laut in die Lüfte rief
Und glaubte, daß rings Alles schlief,
Und Niemand hörte durch die Wand
Das Wort, das meinem Mund entschwand.

Am Tag darauf mit wundem Kopf
Schritt hin des Weg's ein armer Tropf;
Es wiederholt' mein jüngster Sohn
Den derben Fluch, der mir entfloh'n.

Alte Sage.

Es fliegt ein mächt'ger Vogel,
Erzählt die alte Mähr',
Beständig zwischen Sonne
Und Erde hin und her.

Und fliegt er zu den Kranken
Und küßt sie auf den Mund,
Dann werden augenblicklich
Sie wiederum gesund.

Und mit dem Gift der Krankheit
Eilt er zur Sonn' zurück,
Und dort wird es verzehret
Von ihrem Strahlenblick.

So küßt des Elends Lippen
Ein mitleidvolles Herz,
Und seliges Bewußtsein
Trägt es dann himmelwärts.

Dort sonnt es sich in reiner
Erhab'ner Seligkeit,
Weil einen armen Menschen
Vom Elend es befreit.

Das Senfkorn.

Als Gautama eines Tages predigt' seine heil'gen Lehren,
Kam zu ihm ein Weib, verzweifelt, mit dem Auge voller
  Zähren.

Und ihr liebes, einz'ges Kindlein lag erstarrt ihr in den
  Armen;
„Schenke ihm das Leben wieder, Buddha!" sprach sie,
  „hab' Erbarmen!"

„Bring' ein Senfkorn aus dem Hause, wo der Tod nicht
  eingekehret,
Und dann sei dir, liebe Tochter, deine Bitte gern gewähret!"

Mit dem Kinde auf dem Arme sie von Haus zu Haus
  nun eilte,
Doch sie hört dieselbe Antwort immer, wo sie fragend weilte.

In den Dörfern und den Städten, überall im ganzen Lande
War kein einz'ges Haus zu finden, das des Todes Macht
nicht kannte.

Ueberall wo Menschen wohnten, sah sie nichts als Leids-
genossen,
Daß um ihres Kindleins Ende ihre Thränen nicht mehr
flossen.

Still hat sie es dann begraben; sie verstand nun Buddha's
Lehre,
Zur Ertragung deines Schicksals k e i n e Wunder du
begehre.

Deinen Kummer laß im Meere allgemeinen Elends münden,
Ewig=wahren Frieden kannst du nur in Buddha's Ruhe
finden.

Lied.

Nach dem Französischen des Pierre Rogiers.

Wer nie ihr in das Antlitz sah,
Träumt' nie von wahrer Seligkeit;
Auch ward er in's Geheimniß nie
Vollkomm'ner Schönheit eingeweiht.

Ihr Reiz dem Himmel selbst entstammt,
Die Nacht mit Tageslicht sie ziert;
O glücklich, wer in ihrer Näh'
In stillem Schau'n sein Herz verliert.

Frühling.

Ein Ghasel.

Endlich von dem Winterschlafe ist die Erde aufgewacht,
Neu belebt und neu gestärket, steht sie da in voller Pracht;
Und sie hat mit Wohlgerüchen Zauber ihrem Kleid verliehn,
Hat im Morgenthau gebadet, der vom Blatt und Halmen
    lacht.
Milde Boten künden strahlend, daß ihr Bräutigam sich naht,
Daß zur frohen Hochzeitsreise sich die Sonne aufgemacht.
Wie doch ihre Wangen glühen, wie die Pulse schneller gehn,
Da die Kunde seiner Ankunft alle Vögel auch gebracht.
Stolz und zagend in Erwartung, steht die sehnsuchtsvolle
    Braut,
Von der zarten Himmelsbläue hoffnungsseelig überdacht.

4. Buch Mose, Kapitel 22.

Einstmals nach dem Rathschluß Gottes
Ritt auf einer Eselin
Bileam, der Sohn von Beor,
Nach dem Volke Balaks hin.

Bald jedoch ward in Jehova
Eine and're Ansicht reg',
Und er stellte einen Engel
Jenem Langohr in den Weg.

Einen Feuersäbel hielt der
Himmelsbote in der Hand,
Daß das arme Thier vor Schrecken
Plötzlich regungslos da stand.

Bileam doch ungerochen
Keinen Schabernack man spielt,
Und er schlug so lang den Graurock
Bis er eine Rede hielt.

Was er sprach, war weder klassisch,
Weder sinnig, noch gelehrt;
Doch in Glaubenssachen haben
Eselsreden großen Werth.

König Froda.
Nach dem Dänischen des Schack Staffeldt.

Beim Trinkgelag im Heldenkreis
Einst König Froda sinnend saß,
Und zu dem Skaldensang er ernst
Die Krieger mit den Blicken maß.

„Sagt", rief er dann im Donnerton,
„Sagt, wer zur Stunde der Gefahr,
Als mir der Tod in's Auge sah,
Von Euch hier der Getreuste war!

Wer als ein Freund mir Beistand lieh
Leer' diesen Becher, tief und weit;
Hoch auf dem Thron — bei Thor ich schwör's —
Da muß er sitzen mir zur Seit'!"

Und geltend machte mancher Held
Sein Recht auf den versproch'nen Preis,
Und prahlt' von seiner Tapferkeit
Und seinem Rathe, klug und weis'.

Ein Hoch auf den geliebten Fürst
Aus allen Kehlen dann erklang,
Und Froda war so tief gerührt,
Daß freudig er vom Throne sprang.

Und einen alten Mann sah stehn
Er hinter dieser Heldenschaar,
Der sprach kein Wort, kein Glied er regt',
Sein Kleid war schmucklos, grau sein Haar.

„Hör', alter Simpel, nennest du
Nicht eine That des Ruhmes dein?
Hinweg! Dein werthlos Leben soll
Verdammt zu Schand' und Elend sein!"

„Als Gulland's Fürst dein Gast einst war,
Weil er vertraute deinem Wort,
Da dingtest einen Schergen du
Zu schwarzem Werk, zum Meuchelmord.

Ich ließ ihn ziehn in finstrer Nacht,
Ich ließ ihn abziehn, wie er kam,
Daß dem nicht, der einst von dir spricht,
Zu Kopfe steigt das Blut der Scham."

„Nein, werthlos war dein Leben nicht,
Komm her, des Bechers Trunk sei dein;
Wer seinen Herrn vor Schande wahrt,
Der muß sein treuster Freund wohl sein!"

Sara's Armband.
Maurisches Lied.

Mein Armband in den Brunnen fiel, es liegt auf dunklem
Grund;
Ach, was ich ihm nun sagen soll? Gott öffne mir den
Mund!
Mit diesem Schmucke sank mein Herz in's Wasser tief
und blau,
Er hält mich wohl für untreu jetzt und nimmt mich nie
zur Frau.
Er gab ihn mir zum Abschied einst mit Thränen im
Gesicht,
Ach, was ich ihm nun sagen soll? Ach Gott, ich weiß
es nicht!

Es waren Perlen schön und ächt in Silber fein gesetzt,
Die ich mit Freudenthränen, ach, gar oftmals hab' benetzt.

Er gab sie mir zum Abschied einst, auf daß ich immer wüßt'
Daß seine reinen Lippen mich zum Stand der Braut geküßt,
Und daß ich nimmer hören sollt' was Schmeichlerzunge spricht —
Was ich darauf ihm sagen soll? Ach Gott, ich weiß es nicht.

„Von Silber und von Perlen nicht, von eitlem Flimmerschein,"
So spricht er, „sollte das Geschenk für Meinesgleichen sein;
Von Jaspis und von Onix wohl, von hellem Diamant,
Der stets in and'ren Farben glänzt, wenn du ihn umgewandt;
Ein falsches Herz mit echtem Schmuck wirft ein gar traurig' Licht" . . . .
Was ich darauf ihm sagen soll? Ach Gott, ich weiß es nicht.

Er denkt, daß, als zu Markt ich ging, mit Andern hab' gescherzt,
Und daß ich einen Andern hier am Brunnen hab' geherzt;
Daß ich mich falsch und ehrlos hier erging im Liebesspiel,
Wobei mir, sein vergessend, dann der liebe Schmuck entfiel.
So wird er denken sicherlich mit Thränen im Gesicht;
Was ich darauf ihm sagen soll? Ach Gott, ich weiß es nicht.

Er sagt, daß alle Frau'n der Welt sich gleichen auf ein Haar,
Er sagt, daß ich ihn nur geliebt, so lang er bei mir war;
Er sagt, daß ich ihn gleich vergaß, als er nach Tunis zog,
Daß ich mit jedem Wort und Kuß ihn freventlich betrog.
O Mißgeschick! O armes Herz! Wenn er so zu mir spricht,
Ob ich dann Lügen stammeln soll? O Gott, ich weiß es nicht!

Nein! Wahrheit nur und Wahrheit nur, die Wahrheit wird gesagt!
Daß seiner ich die lange Zeit inbrünstig stets gedacht,
Daß als ich wonneträumend hier sein lieb' Geschenk geküßt,
Es unbemerkt in süßer Lust der Hand entfallen ist;
Und daß in meiner Seele noch so unverfälscht und gut,
Tief wie der Schmuck im Wasser klar sein Angedenken ruht.

Die Klage um Celin.
Nach dem Spanischen.

Wenn die Thore von Granada in der Dämm'rung sind geschlossen,
Hört man an dem Vega-Eingang ein Gestampf als wie von Rossen;
Langsam und bedächtig scheint es, daß die stillen Schaaren reiten,

Nur die Frauen weinen kläglich, die den Geisterzug
begleiten.
Welcher Thurm fiel? Welcher Stern sank? Welcher
Herrscher starb dahin?
Ja, ein Thurm fiel: ja, ein Stern sank; Weh' und
Klage um Celin!

Dreimal klopfen sie und dreimal rufen sie, das Eisengitter
Oeffnet schnell sich, traurig ziehen ein, gesenkten Blicks,
die Ritter.
Seht sie dort in langen Reihen stehen unter dem Portale,
Gramesdüster die Gesichter in der Fackeln Flammenstrahle.
Jedes Aug' ist voller Thränen, Jeder sieht zur Erde hin;
Jeder kennt die Trauerbotschaft, Jeder weinet um Celin.

Bei dem festlichen Turniere des verfloss'nen Unglückstages
Hat ein Maure ihn erschlagen aus dem Stamme
Bencerrage's.
Alle Edlen aus dem Lande zu dem Fest zusammen kamen,
Und aus hohen Gitterfenstern sah'n herab die holden
Damen.
Heute aber weinen Alle, daß er sank so schnell dahin,
Ja, er war Granada's Liebling; Weh' und Klage um
Celin.

Vor ihm reiten die Vasallen zwei und zwei in Reihen,
klagend,
Und auf buntem Turban Asche als das Trauerzeichen
tragend;

Hinter ihm vier seiner Schwestern tief verschleiert sich
bewegen,
In gemess'nem Schritte geh'n sie nach des Tambours
dumpfen Schlägen.
Schluchzen hört man sie dazwischen, wie sie langsam
schreiten hin:
Alle aus der Näh' und Ferne, Alle klagen um Celin.

In dem Purpurleichentuche liegt er lieblich auf der Bahre,
Blaß sind seine Rosenlippen, und sein schwarzes Aug',
das klare,
Ist geschlossen nun auf immer: seine Rüstung, sie ist blutig;
Keiner von Granada's jungen Männern war wie er so
muthig.
Mit verhüllter Trommel schreitet hinter ihm der Tam=
bour hin —
Ja, es ist kein irdisch' Klagen, dieses Klagen um Celin.

An der Thüre weint der Maure, und es ringen ihre Hände
Maurenmädchen an dem Fenster; ach, das Klagen nimmt
kein Ende!
Dick bestreut mit grauer Asche sind der Edlen beste Kleider;
Still, gesenkten Blickes tragen sie die theure Leiche weiter.
Und vor jede Thüre setzen sie die Todtenbahre hin:
Hinter jedem Gitterfenster hört man Klagen um Celin.

Und ein Mütterchen mit mattem Aug' und dünnem
Silberhaare,

Tritt vor ihrer Thüre Schwelle, wo man hingesetzt die Bahre.
Ja, sie ist's, die ihn gesäugt hat, o, wie fliehen doch die Tage!
Weiß sie, wer beweint wird? Antwort gibt ihr Herz auf diese Frage,
Dann mit lautem Schreie eilt sie durch die Reih'n zur Bahre hin:
„Laßt ihn küssen, eh' ich sterbe, küssen lasset mich Celin!"

Der Mönch.
Nach dem Französischen des Clement Marot.

Den schnellsten Rappen muß er nehmen,
Daß flink es nach dem Städtchen geht!
Und Schlechtes thun, ohn' sich zu schämen,
Das ist's, was unser Mönch versteht.
Ein nüchtern Leben stets zu führen,
Und Christ zu sein ist ihm zu schwer,
Dem Weg der Tugend nachzuspüren
Paßt unserm Mönche nimmermehr.

Sein Eigenthum mit fremden Sachen
Stets zu vermischen er versteht;
Dir bleibt nichts, als sein freundlich Lachen,
Wenn schmunzelnd seines Wegs er geht.
Denn ihm gehört für's ganze Leben

Was einmal in die Hand er nahm;
Gewissenhaftes Wiedergeben
Paßt unserm Mönch nicht in den Kram.

Wie man ein arglos Kind bethöret,
Das weder Lug noch Liebe kennt;
Wie man ihm falsche Eide schwöret,
Versteht er aus dem Fundament.
Seid nüchtern, predigt er und mäßig,
Sitzt nimmer auf der Wirthshausbank;
Doch er ist fett, faul und gefräßig,
Und's Wassertrinken macht ihn krank.

Französisches Volkslied.

Die Mutter fragt: Willst einen Strauß
Von Tulpen oder Nelken?
Er nützet nichts, in einer Nacht
Da wird er schon verwelken.
Sie merkt nicht, was mich quält,
Und mir schon lange fehlt.

Willst einen schönen Federhut?
Er steht dir zu Gebote!
Ach nein, lieb' Mütterlein, er ist
Doch balde aus der Mode.
Sie merkt nicht, was mich quält,
Und mir schon lange fehlt.

Die Mutter fragt: Willst einen Mann,
Wohl einen schmucken, feinen?
Ach, laß mich, liebes Mütterlein
Recht bald mit ihm vereinen.
Sie weiß jetzt, was mich quält,
Und mir schon lange fehlt.

Hochzeit.
Provençalisches Lied.

Es werden Glocken klingen,
  Margarethe;
Die Sommervögel singen,
  Margarethe;
Dann trittst du, du lachst, zum Altare
Orange-Blüthen im Haare,
  Margarethe.

*   *   *

Doch, ach, die Glocken klangen,
  Margarethe;
Die Sommervögel sangen,
  Margarethe;
Doch traurig dein Kranz ist, o Traute,
Vom Blatt der Cypresse und Raute,
  Margarethe.

Don Rodrigo's Klage.

Nach dem Spanischen.

Am Guadalete-Fluß irrt' Don Rodrigo's Heer,
In achter Schlacht geschlagen, ohn' Rast und Rath umher;
Der König, schnöd' verlassen von Hoffnung, Muth und Glück,
Zog sich von seinen Schaaren im tiefsten Schmerz zurück.

Zu Fuß ging Don Rodrigo, da lahm und blind sein Pferd,
Es diente ihm zur Stütze sein schartenvolles Schwert,
Es zeigt' sein starker Panzer, schwer und juwelenreich,
Und auch sein Helm aus Eisen die Spur von manchem Streich.

Er schleppt' auf einen Berg sich, den höchsten, der da nah',
Wo er zum letzten Male das Schlachtfeld übersah;
Sah seine Banner liegen zersetzt: wie Raserei
Klang wild ihm in die Ohren der Mauren Siegsgeschrei.

Ein jeder tapf're Führer des Heer's geflohen war,
Nur nicht die tapf'ren Todten; wer zählt die stille Schaar?
Wohin den Blick er schickte, war Blut nur auf dem Plan,
Und regengleich dem Auge ein Thränenstrom entrann.

„Noch gestern Spaniens König, ein Bettler bin ich nun;
Noch gestern hatt' ich Schlösser, heut' keinen Platz zum Ruh'n;
Noch gestern hundert Pagen zu meinem Dienst bereit;
Von Allen auch nicht Einer gibt jetzt mir das Geleit.

O Fluch dem Tag, der solches Verhängniß mir gebracht!
O Fluch dem Tag, an dem man zum König mich gemacht!
O Unglück, daß ich heute die Sonne sinken seh'!
O Tod, wie bist du langsam, schreckt dich wohl meine Näh'?

"So süß."

Nach dem Altfranzösischen.

In meines Vaters Garten
Laßt uns der Blumen warten —
So süß.

Der Apfelbäume Düfte
Durchziehen sanft die Lüfte
So süß.

Und unter jenen Bäumen
Da laßt uns ruh'n und träumen
So süß

Es lagen einst darunter
Drei Königstöchter munter,
So süß.

Die Erste hat gesprochen:
Der Tag ist angebrochen!
So süß.

Ich höre, sprach die Zweite,
Die Trommel in der Weite,
So süß.

Die Dritte sprach: Zum Streite
Mein Schatz zieht in die Weite,
So süß.

Ich werd' in Kriegsgefahren
Ihm Liebe treu bewahren,
So süß.

Und siegt er oder fällt er,
Die Liebe mein behält er,
So süß.

Das Grab.
Aus dem Angelsächsischen.

Dir ward ein Haus gebaut,
Eh' geboren du warst;
Eh' von der Mutter du kamst
Ward eine Wohnung dir;
Fertig ist sie noch nicht,
Noch weiß man, wie groß sie sein wird,
Doch jetzt ich dir zeige,
Wo einst du wirst wohnen,
Und darnach messe
Ich auch dein Haus.

Aus stattlichen Balken
Ist nicht dein Haus;
Es ist niedrig und eng.
Zu den Füßen ist's niedrig,
An den Seiten ist's schmal,
Und das Dach ist nicht höher
Als deine Brust
Kälte und Dunkel
Umgeben dich stets.

Dein Haus ist thürlos,
Doch ist's fest verschlossen,
Denn der Tod hat den Schlüssel.
Dein Erdhaus ist gräulich,
Voll Schauer und Schrecken;
Dort wirst du wohnen,
Von Würmern zertheilt.

Dort legt man dich hin,
Verlassen von Freunden.
Du hast keinen Freund,
Der zu dir kommt und dich fragt,
Ob es auch dort dir gefällt?
Kein' einziger steigt
Zu dir hernieder;
Denn bald ruft dein Aussehen
Nur Ekel hervor.

Zur moralischen Weltordnung.

Zwei muntre Burschen saßen
Im trocknen Dachquartiere;
Der Regen strömte vom Himmel,
Und sie konnten nicht zum Biere.

Sei ruhig, sprach der Eine,
Denn diese dicken Tropfen
Beweisen ja Gottes Güte:
Jetzt wachsen Gerste und Hopfen!

Spruch.

In Natur und Leben herrschen
Zwei: Das Schicksal und der Wille;
Auf zwei Rädern geht der Wagen,
Doch auf einem steht er stille.

Langsam reift die saft'ge Traube
In dem gold'nen Sonnenschein;
Doch nur durch die Kraft des Armes
Wird verwandelt sie in Wein.

Traumdeutung.

Nach Walther von der Vogelweide.

Als der Mai gekommen war,
Bin ich hingegangen,
Wo die Blumen wunderbar
Aus dem Grase drangen.

Unter einem kühlen Baum
Sank ich hin in Schlummer,
Und ein zauberischer Traum
Raubte mir den Kummer.

Denn als Fürst in reichem Land
Lebt' ich ohne Sorgen:
Alles zu Gebot' mir stand,
Ja, ich war geborgen.

Gerne schlief' ich jetzt noch dort,
Wenn nicht eine Krähe
Mich durch Schreien immerfort
Störte in der Nähe.

Doch durch eine alte Frau
Ward mir Trost bescheeret:
Denn sie hat mir ganz genau
Jenen Traum erkläret.

„Zwei und Eins dazu sind Drei,"
Sprach sie, — das war richtig,
„Und mein Daum' ein Finger sei,"
Sprach sie — das war wichtig.

Schanferi.

Orientalisch.

Schanferi, der Keinesgleichen hat als Läufer auf der Welt,
Der den Pfeil, vom Bogen schnellend, einholt eh' er niederfällt,
Hatte einst dem Stamm Salaman bitt're Rache zugedacht,
Und er wollt' nicht ruhen, bis er ihrer Hundert umgebracht,
Neunundneunzig hat er glücklich hingeschickt ins Schatten-
    reich,
Dann jedoch hat hingestreckt ihn einer Keule wucht'ger
    Streich.
Als den Körper man zum Fraße auf das Feld für Geier
    trug,
Einer von Salaman's Stamme ihm den Kopf vom Rumpfe
    schlug;
Trat den Schädel, daß ein Splitter sausend in die Stirn
    ihm fuhr;
Hin er sank. — So ward erfüllet Schanferi's des Läufers
    Schwur.

Aus dem Westen.

Fern im Westen, wo den Büffel lustig der Dakota jagt,
Wo das fleiß'ge Volk der Biber an den Urwaldsbäumen
    nagt,
Und der schlaue Walaupriester herrscht mit seiner Gaukelei,
Hört man Klagen nur und Weinen, hört man lautes
    Angstgeschrei.

Seht das Weib, das gramverzehrte, händeringend steht sie da,
Vor ihr liegt ihr todtes Söhnchen, das nur vier der
    Winter sah;
In die Aeste einer Eiche still man nun die Leiche hebt,
Und darüber, langsam kreisend, der gefräß'ge Adler schwebt.

Trostlos dann die arme Mutter hin nach ihrem Wig=
    wam eilt,
Wo auf dünnem Binsenlager still der kranke Gatte weilt;
Krank? Wie starr ist doch sein Auge, kalt und steif ist
    seine Hand;
Auf dem Weg zum ew'gen Jagdgrund seine Seele sich
    befand.

Meine Thränen sind getrocknet, stimmet Freudenlieder an,
Walautanka, unser Herrscher, hat an mir sehr wohlgethan;
Hilflos nun mein liebes Söhnchen nicht durch's fremde
    Jenseits geht,
Da ihm sorgend ja zur Seite sein getreuer Vater steht!

Graf Arnaldos.
Nach dem Spanischen.

Wer hatt' je ein solch Gesichte, heil'ger Priester, keusche Nonne,
Wie der edle Graf Arnaldos bei dem Glanz der Morgensonne?
Fort er ritt zum Jagdgefilde, fort er ritt mit Horn und Hunden,
Den verkappten Falken hatt' er sich an's Handgelenk gebunden.
Atlassegel, Cedermasten, das Verdeck mit Gold beschlagen
Eh' du solche Barke wahrnimmst, kannst du manchen Morgen jagen.
Atlassegel, Cedermasten, gold'ne Pracht mag wiederkommen,
Niemals doch wird jenes alten, grauen Schiffers Lied vernommen,
Treue mag das Auge strahlen, Hoffnung mag den Busen schwellen,
Niemals lauscht man einem Sange, der beherrscht des Meeres Wellen.
Denn als sang der graue Schiffer, da verstummt' der Stürme Toben;
Wie der Busen einer Jungfrau sanft die Wasser sich erhoben.
Aus der Tiefe Grün der Seestern sich erhob in seiner Schöne,

Friedlich nähert sich der Adler in den Bann der Zaubertöne.
„Gott hat Gnade dir verliehen, stolze, herrliche Galeere,
Du nur trotzest den Gefahren auf dem nimmersatten Meere.
Ja, Gibraltar's Felsenriesen und Almeria's falsche Riffe,
Starke Strudel, sand'ge Bänke schaden nimmer meinem
    Schiffe."
„Lehre mich," rief Graf Arnaldos, „lehr' mich deinen
    Zauberspalter;
Das Geheimniß deines Sanges laß mich wissen, grauer
    Alter!"
„Graf Arnaldos, Herzen las ich, kenne der Gedanken Heere,
Doch des Meers Geheimniß lernt man nur in unserer
    Galeere!"

———————

Frühlingssehnsucht.
Nach Walther von der Vogelweide.

Es hat uns der Winter geschadet sehr,
Denn Felder und Wälder sind alle leer.
O würfen die Mädchen am Weg den Ball,
Dann käme doch sicher der Vöglein Schall.

Ich möchte verschlafen des Winters Zeit,
Denn daß er so mächtig ist, bringt mir Leid;
Doch wahrlich, er wird noch vom Mai besiegt
Und Blumen dann pflück' ich, wo Schnee jetzt liegt.

Die drei Jungfrauen.
Nach dem Holländischen.

Drei Mädchen gingen einstens aus
Am frühen Lenzestag;
Sie giengen barfuß, kalter Schnee
Noch auf der Erde lag.

Das erste Mädchen weinte stets,
Das zweite immer lacht',
Die dritte Maid die erste fragt:
„Sag', was dein Liebster macht?"

„Warum, warum, o fragst du mich
Nach meinem treuen Schatz?
Drei Räuber überfielen ihn,
Todt blieb er auf dem Platz!"

Drei Räuber überfielen ihn?
Todt blieb er auf dem Platz?
Sei munter dann und suche dir
Gleich einen andern Schatz!

„Drückt' mich ein And'rer an sein Herz
Mein Tod es sicher wär',
O Vater, Mutter, lebet wohl,
Ihr seht mich nimmermehr!

Leb' wohl, mein jüngstes Schwesterlein,
Das oft ich eingewiegt;
Ich geh' zum grünen Lindenbaum,
Dort wo mein Liebster liegt!"

Der wälsche Schrein.*)

Nach Walther von der Vogelweide.

Wie christlich doch der Papst in Rom, o seht doch, unser lacht,
Wenn seinen Wälschen er erzählt, wie er's bei uns gemacht:
"Ja unter eine Krone hab' zwei Deutsche ich gebracht
Sie mögen Unheil stiften nun, ich fülle meine Kasten,
Und führ' sie an den Opferstock, ihr ganzes Geld wird mein,
Und so das deutsche Silber kommt in meinen wälschen Schrein;
Drum Hühner, edle Pfaffen, eßt und trinket wacker Wein,
Die dummen deutschen Laien laßt inzwischen tüchtig fasten!"

---

*) Im Jahre 1212 erließ, wie Simrock schreibt, Papst Innocenz zu besserer Förderung der Kreuzzüge eine Verfügung, man solle in allen Kirchen Opferstöcke (truncos) aufstellen, um darin Beisteuern zur Wiedererlangung des heiligen Landes zu sammeln. — Die in diesem heftigen Ausfall gegen die päpstliche Habsucht erwähnten zwei Deutschen, im Original spöttisch „zwen' Alman" genannt, sind Otto und Friedrich II.

Klein-Gunver.

Dänische Ballade.

Klein-Gunver sie wandelt am rauschenden Meer
Gern Abends allein;
Ihr Herz ist von Wachs, ihre Seele so rein
Wie Gold nur kann sein.
„Hüt' dich vor Männern, Verräther sie sind!"

Klein-Gunver sie angelt am steilen Gestad
Mit seidener Schnur;
Als Welle auf Welle sich thürmt' und voll Wucht
Dem Ufer zu fuhr.

Es steigt aus der Tiefe, bekleidet mit Schilf,
Ein Meermann bildschön;
Sein Aug' war voll Liebe, seine Stimme so sanft
Wie Harfengetön.

„Klein-Gunver, ich härm' mich bei Tag und bei Nacht
Aus Liebe zu dir;
Mein Leben ist trostlos, voll Unruh' mein Herz,
Hab' Mitleid mit mir!

Komm', reich mir die Hand einen Augenblick nur,
Mein Leben du hast;
In Ruh' schlägt mein Herz, wenn dein schneeweißer Arm
Mich glücklich umfaßt!

Das Schilf birgt ein Herz, Klein-Gunver, es hat
Nie Falschheit gekannt;
Die Heimat der Ehre — treuheilige Lieb'
Stets Eingang d'rin fand!"

„Kann heilen mein Arm dir die Qualen der Brust,
Bereit ich gern bin:
Schnell, Meermann, greif' zu; o eil' dich ich bitt',
Nimm beide gleich hin!"

Er faßt sie mit Hast und sturmgleich er lacht,
Und zieht sie hinab.
Der Fischer befährt nun mit schwankendem Kahn
Ihr rauschendes Grab.
„Hüt' dich vor Männern, Verräther sie sind!"

Theuer.
Nach dem Spanischen.

Von dem Berg der Morgenthau
Tausend Perlentropfen sandt',
Daß ein einzig Röslein nur
In des Thales Au entstand.

Also zahlet in dem Lauf,
Den des Lebens Flucht uns beut,
Tausend Thränen unser Herz
Oft für eine winz'ge Freud'.

Mann und Weib.

Nach Viktor Hugo.

Wie können wir in unsrem kleinen Nachen
Die Reise sicher auf dem Meere machen,
Vorbei den hohen Klippen? fragt der Mann;
Rudre! sprach das Weib alsdann.

Wie können der Gefahren wir im Leben
Die uns von frühster Kindzeit an umschweben,
Und unsrer Noth vergessen? fragt der Mann,
Schlafe! sprach das Weib alsdann.

Wie können wir, wie auch die Jahre rinnen,
Die Gunst der Schönheit dauernd uns gewinnen.
Ohn' Liebestrank zu brauchen? fragt der Mann,
Liebe! sprach das Weib alsdann.

Eichbaum und Schilf.

Nach dem Griechischen.

Losgerissen durch den Sturm
Auf dem wilden Strome schwamm
Schnell an Rohrgebüsch vorbei
Ein gewalt'ger Eichenstamm.

„Du stehst aufrecht voller Trotz!"
Rief er laut dem Rohre zu;
„Nein, ich beuge mich dem Sturm,
Und ich trotze nicht wie du!"

Die drei Studenten.
Aus „Snikken en Grimlachjes academische Poezie
van Piet Paaltiens". [1]

„Daar waren eens zeven kikkertjes
All in een gronne slott,
Toen kwam er een boer op klompen aan —
En die trapde ze allemaal dood."

Es waren einst drei Studenten,
Drei Freunde in Lust und Noth,
Die sprangen muthig in die Welt,
Und die Welt — die trat sie todt.

Du Mädchen mit den Locken blond,
Du mit dem sanften Blick,
Erlaube, daß ein Liedchen ich weih'
Ihrem bitteren Geschick.

Erlaube, daß ein Liedchen ich sing'
Von ihrem Elend und Leid,
Dem auch vielleicht dein Aeugelein

Ihre jungen Herzen schlugen
Für Alles, was edel und rein,
Für Wahrheit, für Frauen, für Freiheit,
Für bairisch' Bier, für Wein.

Sie hätten gern ihre Fäuste
Auf Schergenköpfen probirt
Und jedem schönen Mädchen
Ein süßes Küßchen entführt.

Es tönte donnernd ihr Singen
Den kriechenden Heuchlern in's Ohr;
Der Lerche gleich sangen sie lieblich
In munterer Freunde Chor.

Ihre Wangen waren frisch und geröthet,
Ihr Händedruck fest wie Stahl,
Ihr Schnurrbart war stolz, ihr Haar gelockt,
Ihr Fluch war genial.

Die besten englischen Renner
Sie hielten im Stalle nur,
Und sogen reitend die Milch aus
Den Brüsten der freien Natur.

Ideale, Geld, Tisch und Cigarren,
Das hatten sie Alles gemein,
Auch Glaube, Lieb', Hoffnung und Zweifel
Und einen Keller mit Wein.

Von zehn Uhr bis elf Uhr ward Morgens
Gebüffelt mit Fleiß und Verstand;
Die Zeit zwischen elf Uhr und ein Uhr
Auf der Kneipe beisammen sie fand.

Kaum war am Mittag die Verdauung
Des weinreichen Essens vorbei,
Kaum hatt' sie Kaffee wieder nüchtern,
So saßen am Studirtisch die Drei.

Sie lasen und blätterten in Büchern
Und ochsten und tranken Thee.
(Wenn's warm war, tranken sie Rheinwein,
Wenn's kalt war, Punsch Brûlé.)

Um zehn Uhr Abends erst wurde
Ihr Fleiß bei Weydung*) belohnt,
Von elf bis vier Uhr wurde
Einträchtig die Kneipe bewohnt.

Sie sprachen dann tiefsinnig
Von deutscher Philosophei;
Sie tranken zu Dritt aus der Flasche,
Und Jeder trank für Drei.

Und jedes süße Geheimniß,
Was jedem das Herz tief bewegt,
Das wurde von allen freimüthig
Einander zu Füßen gelegt.

Und einer flüsterte zärtlich
Von einer blauäugigen Maid,
Die im Sommerconcert er gesehen
Und geliebet seit jener Zeit.

Nie, sagte er, sank noch die Sonne
Von Wollust so roth in den See,
Als ich sie so freudig sah blicken
Nach den Goldfischen von Couvée*).

Noch niemals spielt' die Kapelle
„Das Bild der Rose" so brav,
Als da mein Auge das Auge
Jener bleichen Rose traf.

Ihr Blick — er ist unvergeßlich,
Erinnernd an Wiege und Sarg,
Als ob er das Sangesgeheimniß
Der Nachtigall in sich barg.

Seine Wangen glühten, als er dachte
An den Nachtigallen-Gesang,
Und lustig ertönte bei den Dreien
Der Gläser munterer Klang.

Als einer nun sprach von Scheiden,
Da floß gar manche Thrän';
Doch es glänzten gleich alle Augen,
Als er sprach vom Wiederseh'n.

Wie sie dann zusammen wie vorher
Durchziehen die Straßen der Stadt
Und singen dreistimmig das heil'ge,
Erhab'ne Jo vivat! *)

Wie einer den Festpsalm dann singet,
In die Hände sie nehmen das Glas
Und singen dreistimmig das heil'ge
Nostrorum sanitas!

Von den Leiden dieses Jahrhunderts
Sprach auch einer offen und frei,
Wie die ganze Weltgeschichte
Nur ein Schrei der Verzweiflung sei;

Ein Verzweiflungsschrei nach Rache
Für das, was mit Frechheit und Hohn
Die Menschheit geknechtet und gefesselt
Seit sechszig Jahrhunderten schon.

Bald nahe der Tag des Gerichtes
Ja, schon künde sein Morgenroth
Auf den schwindelnden Höhen der Berge
Der Nacht der Lilge den Tod.

Schon töne das Lied von dem Fallbeil
Das den Kopf der Tyrannei
Vom faulen Rumpfe abschneidet:
„Die verjüngten Völker sind frei!"

Seines seelenvollen Auges
Blitzstrahl zum Aufstand ruft,
Und er hebt die drei ersten Finger
Der rechten Hand in die Luft.

Und er schwört so schrecklich und ernsthaft
Daß sein Schwert das erste sei,
Das auf dem Schlachtfeld des Geistes glänze
Gegen Knechtschaft und Tyrannei.

Und da thaten sie all' ein Gelübde
Und schwuren alle die Drei,
Und es holte der Kellner zur Besieg'lung
Drei Flaschen Champagner herbei.

Das waren drei brave Studenten,
Drei Freunde in Lust und Noth,
Sie sprangen muthig in die Welt,
Und die Welt — die trat sie todt....

Blondlockige Johanna,
Erlaub' dem Barden gut,
Daß, eh' sein Lied er weiter weint,
Er an deinem Herzen ausruht;

Denn brechen will ihm das seine,
Wenn all' des Guten er denkt,
Was die rauhen Wogen des Lebens
In ihrem Schooße ertränkt.

Blondlockige Johanna,
Erlaub' dem Sänger, daß er
Deinen wogenden Busen umgebe
Mit einem Thränenmeer.

Und dann hör' an, wie's so elend,
So traurig ging den Drei'n,
Die einst so ernsthaft schwuren
Bei dem Champagner=Wein.

Der eine reiste nach den Landen
Der giftigen Schlangen ab,
Er kämpfte mit Muth für die Wahrheit
Und fand dort frühe sein Grab.

Wohl waren seine Fäuste von Eisen
Für Schergenköpfe gut,
Doch gegen giftige Schlangen
Half ihm weder Stärke noch Muth.

Der and're blieb zu Hause und war nicht
Von Klapperschlangen bedroht;
Er kämpft' gegen Rohheit und Dummheit
Und fand einen langsamen Tod.

Kein fremdländ'scher Vampyr sein Blut soff,
Keine schleichende Schlange ihn stach;
Doch es stellten giftige Kröten
Seinem Leben heimlich nach.

Am Schlimmsten erging es dem Jüngsten
Dem Schwächsten von den Drei'n,
Die einst so ernsthaft schwuren
Bei dem Champagner-Wein.

Sie haben den armen Streiter
So lange gequält und gezwickt,
Bis Alles, was schön war und edel,
In seinem Herzen erstickt.

Bis er, des Kampfes müde,
Die Hände sich binden ließ
Und um des Friedens Willen
Die Sache der Freiheit verließ.

Und bald darauf war ein Aemtchen
Mit einer Frau sein Loos,
Zwar war sie keine Schönheit, doch hieß es,
Ihr Einkommen sei sehr groß.

Er kaufte zwölf weiße Cravatten
Und bald hieß es weit und breit,
Daß ein sündhafter Mensch sich bekehret,
Worüber sich Jeder gefreut.

Doch schien's, daß nach seiner Bekehrung
Nicht viele Freuden er fand,
Denn das ruh'ge zufriedene Lächeln
Um seine Lippen verschwand.

Nur dann noch, wenn einen seiner Freunde,
Auf dem Schlachtfeld verbluten er sieht.
Ein geheimnißvolles Lächeln
Seine Lippen traurig umzieht.

Ein Lächeln, das zeuget von Leiden,
Von Leiden unendlich tief,
Wer es lacht, der wünschet im Herzen
Daß auch er den Heldentod schlief,

Den schönen Tod seiner Freunde,
Mit denen die Schlüsselstadt⁵)
Noch einmal er gerne durchzöge
Beim Klang von Jo vivat.

Anmerkungen des Uebersetzers.

1) Pseudonym für J. Haverschmidt, Prediger in Schiedam.
2) Fashionable Conditorei in Leyden.
3) Ein Lustgarten in Leyden.
4) Der Refrain eines in Holland viel gesungenen Studentenliedes, dessen erster Vers also heißt:

> Jo vivat! Jo vivat!
> Nostrorum sanitas!
> Hoc est amoris poculum
> Doloris est anti dotum!
> Jo vivat! Jo vivat!
> Nostrorum sanitas.

5) Leyden.

Sentimentales Lied.

Liebes Veilchen, sei gegrüßt
Auf dem grünen Hügel;
Traulich setz' ich mich zu dir,
Trauter Herzensspiegel.

Seit gar langer banger Zeit
Ich nach dir mich sehne:
Seh' ich recht? In deinem Aug'
Perlet eine Thräne!

Oder irr' ich mich vielleicht,
Was mir oft begegnet;
Ist es wohl ein Tropfen Thau,
Oder hat's geregnet?

„Lange ist's, seit mich erquickt
Eines Regens Wonne;
Und den Thau der letzten Nacht
Trank die Morgensonne.

Wisse nun: das salz'ge Naß
Das ich in mich sauge
Und das meine Blätter frißt,
Fiel aus deinem Auge."

Lied.

Laß wüthen den Winter,
Er eilet vorbei;
Und es nahn sich die holden
Freuden des Mai.

Daß untreu dein Mädchen
Nicht raub' dir die Ruh;
Gleich lächelt ein anders
Liebe dir zu.

Und bietet das Leben
Dir Leid nur und Noth;
Ruhe und Frieden
Bringt dir der Tod.

Es gibt ja noch Heilung
Für Alles der Welt;
Drum trinke und singe
So lang dir's gefällt.

Inhaltsverzeichniß.

Erstes Buch.

                                      Seite.

George D. Prentice:

Ein Wunsch 7
Der abwesenden Gattin 8
Ein einsames Kindergrab 9

John J. Piatt:

Dahin 11

Thomas B. Aldrich:

Palabras Carinosas 12

Richard W. Gilder:

Auf dem wilden Rosenstrauch . . . 13

Ellen M. Hutchinson:

Schattenlied 14

Charles Quiet:

Seite.

Minot J. Savage:

Entzaubert 15
Ein kleines Blatt 16
Ein Ungläubiger 17

Theodore Tilton:

Fritz Ottokar's Jagdgefährte 19

Bret Harte:

A Greyport Romance 21

Clinton Scollard:

Herbstlied 23

Ella Wheeler:

Altes und Neues 24

Nora Perry:

Jugend und Alter 25

Edith M. Thomas:

Schicksal 26

James B. Kenyon:

Abendlied 26

Edgar Fawcett:

Der Misanthrop 27

	Seite.

John Boyle O'Reilly:

Der beste Köder	28

Zwei kanadische Lieder:

1. Rose und Gärtner	29
2. Der entflohene Vogel	30

Zweites Buch.

Huitain	33
Abschied	33
Kindessinn	34
Rosen auf dem Grabe	34
Ein fahrendes Blatt	36
Ständchen	36
Italienisches Volkslied	37
Lied eines fahrenden Ritters	38
Huitain	38
Der Jugend	39
Auf dem Tejo	40
Lied	40
Valladolid	41
Fragen	42
Epigramme	43
Indische Spruchweisheit	46
Thanatopsis	52
Aus dem Orient	54
Knappe und Ritter	56

Seite.

Der Müller von Gosport	57
Die Stiefmutter	58
Drei Freunde und drei Feinde	60
Der Baron von Jauioz	61
Aesthetische Frömmigkeit	65
Stein und Fluch	65
Alte Sage	66
Das Senfkorn	67
Lied	68
Frühling	69
4. Buch Mose, Kapitel 22	69
König Froda	70
Sara's Armband	72
Die Klage um Celin	74
Der Mönch	77
Französisches Volkslied	78
Hochzeit	79
Don Rodrigo's Klage	80
„So süß"	81
Das Grab	82
Zur moralischen Weltordnung	84
Spruch	84
Traumdeutung	85
Schanferi	86
Aus dem Westen	87
Graf Arnaldos	88
Frühlingssehnsucht	89

Seite.

Die drei Jungfrauen	90
Der wälsche Schrein	91
Klein-Gunver	92
Theuer	93
Mann und Weib	94
Eichbaum und Schilf	94
Die drei Studenten	95
Sentimentales Lied	104
Lied	105

www.ingramcontent.com/pod-product-compliance
Lightning Source LLC
Chambersburg PA
CBHW031729230426
43669CB00007B/294